AF295975

Les Cabinets d'Histoire Naturelle
en France au XVIIIᵉ siècle

ET

Le Cabinet du Roi

(1635-1793)

PAR

Edouard LAMY

Docteur ès Sciences naturelles,
Sous-Directeur du Laboratoire de Malacologie
au Muséum National d'Histoire Naturelle.

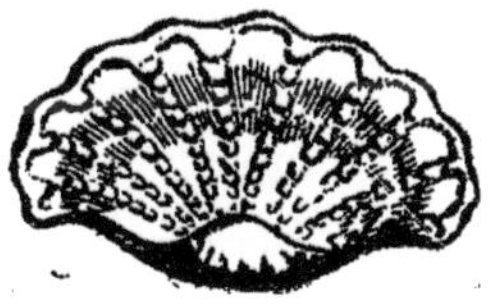

Chez l'Auteur :
12, Rue Daubenton, Paris Vᵉ

Les Cabinets d'Histoire Naturelle

en France au XVIIIe siècle

NOTES DU MÊME AUTEUR

Note sur une collection conchyliologique du commencement du xixᵉ siècle (celle de L.-C.-M. Richard). *Bulletin du Muséum national d'hist. nat.*, XXI, 1915.

Note sur la collection conchyliologique de Tournefort. *Journal de Conchyliologie*, LXXII, 1928.

Note sur la collection conchyliologique d'Adanson. *Ibid.*, LXXII, 1928.

Note sur une collection conchyliologique du xviiⁱᵉ siècle (celle du Marquis de Bonnac). *Ibid.*, LXXIII, 1929.

Deux conchyliologistes français du xviiⁱᵉ siècle : les Geoffroy, oncle et neveu. *Ibid.*, LXXIII, 1929.

Les conchyliologistes Bruguière et Hwass. *Ibid.*, LXXIV, 1930.

Un conchyliologiste français du xviiⁱᵉ siècle : l'Abbé de Crillon. *Ibid.*, LXXIV, 1930.

Un collectionneur naturaliste du xviiⁱᵉ siècle : le Chevalier Turgot. *Bulletin du Muséum national d'hist. nat.*, 2ᵉ s., II, 1930.

Les Cabinets d'Histoire Naturelle
en France au XVIIIe siècle

ET

Le Cabinet du Roi
(1635-1793)

PAR

Edouard LAMY

Docteur ès Sciences naturelles,
Sous-Directeur du Laboratoire de Malacologie
au Muséum National d'Histoire Naturelle.

CHEZ L'AUTEUR :
36, Rue Daubenton, PARIS V^e

A LA MÉMOIRE

DE MA CHÈRE FEMME

NÉE JULIETTE JOLLY

Ces notes furent commencées en 1925 au chevet de son lit de souffrance et nous les avons compulsées ensemble.

Que le vœu des âmes aimantes n'est-il exaucé !
Tecum vivere amem, tecum obeam libens !

Ed. L.

Paris, 27 juin - 27 décembre 1930.

Les Cabinets d'Histoire Naturelle

en France au XVIIIe siècle

Au xviiie siècle le goût de l'histoire naturelle et des recherches scientifiques s'était répandu dans l'Europe, surtout en France et particulièrement à Paris.

Les grands personnages et les gens du monde s'étaient convertis au culte des sciences et les Cabinets où s'amassaient leurs collections se multipliaient (1).

Le voyageur Fr. Le Vaillant, qui, venu en 1777 de la Guyane Hollandaise à Paris, visita, pendant trois

(1) L'énumération des Cabinets de France et de l'Etranger a été dressée, en 1742, par Antoine-Joseph d'Argenville (1680-1765) dans la 1re édition de sa *Conchyliologie;* puis elle fut complétée, en 1780, dans la 3e édition de cet ouvrage publiée par de Favanne père et fils.

Entre temps, une liste en avait été établie en 1767 dans un petit livre anonyme, intitulé *Conchyliologie nouvelle et portative,* dont l'auteur était Antoine-Nicolas d'Argenville (mort en 1796), fils d'Antoine-Joseph.

L.-V. Thiéry a donné, en 1787, dans son *Guide des amateurs et des étrangers voyageurs à Paris,* le détail des Cabinets renommés existant alors dans la capitale.

De curieux renseignements sur le développement que le goût de l'histoire naturelle avait atteint dans la société à cette époque abondent dans l'intéressant volume de M. D. Mornet : *Les Sciences de la Nature en France au XVIIIe siècle* (Paris, 1911).

Il signale, en particulier, comme symbole de cet engouement le triomphe obtenu par un livre dont le succès dépassa celui de tout autre ouvrage contemporain : *Le Spectacle de la Nature* (1732 et ann. suiv.), qui eut dix-huit éditions et fut traduit dans presque toutes les langues de l'Europe; l'auteur de ce manuel à l'usage des gens du monde et des enfants était l'Abbé Noël-Antoin Pluche (1688-1761).

années jusqu'en juillet 1780, tous les Cabinets des curieux et des savants de la capitale (1), en parle avec admiration : « J'étais ébloui, enchanté de la beauté, de la variété des formes, de la richesse des couleurs, de la quantité prodigieuse des individus de toute espèce. » [1790, *Voyage intérieur Afrique*, t. I, p. xxii].

Louis XV manifestait un penchant réel pour l'étude des plantes : il voulut avoir à Trianon un Jardin botanique, dont il confia le soin à L.-G. Lemonnier (1717-1799), auquel il donna les marques d'une véritable faveur et qu'il nomma en 1755 Professeur au Jardin des Plantes.

Il seconda constamment avec bienveillance Buffon dans ses projets pour le développement de ce dernier établissement et ne recula jamais devant les dépenses qu'ils exigeaient.

Il se faisait tenir par Réaumur au courant des découvertes récentes faites par celui-ci sur les Insectes et également des recherches poursuivies par Abraham Trembley (1710-1784) sur les Polypes d'eau douce : dans une lettre de 1741, l'illustre entomologiste écrit au savant Genevois : « Je racontai hier au Roi ce qu'il y a sur tout cela de certain et de merveilleux, et Sa Majesté parut extrêmement contente de l'apprendre. » (1).

(1) Il s'était lui-même formé à Asnières, près Paris, une collection comprenant surtout des Oiseaux, mais aussi des Coquilles de Surinam.

(2) Buffon eut aussi recours au crédit qu'il avait auprès de Mᵐᵉ de Pompadour.

(1) Les observations de Trembley avaient fait sensation à la cour et à la ville. Le chirurgien Le Cat, dans une dissertation prononcée, en 1750, à l'Académie des Sciences de Rouen, dont il était Secrétaire perpétuel, disait : « Deux découvertes rendront principalement notre siècle mémorable dans les siècles à venir : l'Electricité et les Polypes d'eau douce. » [1902, Maurice Trembley, *La découverte des Polypes d'eau douce*, pp. 24 et 34].

Le célèbre botaniste Joseph Pitton de Tournefort (1658-1708), durant son voyage au Levant (1700), avait fait une très ample collection de coquilles (1) qu'il légua à Louis XIV. Le Grand Roi, après en avoir d'abord commis le soin à son Premier Médecin Fagon, les donna ensuite à M. le Duc pour augmenter le Cabinet de celui-ci.

Il s'agit de Louis-Henri Duc de Bourbon (1692-1740), petit-fils du Grand Condé et Ministre de Louis XV de 1723 à 1726. Son Cabinet était un des plus considérables de l'Europe : il occupait deux pièces placées à l'entrée du petit Château à Chantilly : dans la deuxième, les Eponges, les Coraux, les Plantes marines et les Coquillages, qui étaient donc ceux provenant de Tournefort, étaient compris dans quatorze tiroirs, partagés en compartiments revêtus de taffetas vert, où chaque objet était encastré avec beaucoup d'art [1928, Lamy, *Journ. de Conchyl.*, LXXII, p. 231].

Cette collection fut transmise par héritage au fils de M. le Duc : Louis-Joseph, Prince de Condé (1736-1818). A la Révolution, ce dernier ayant émigré pour se mettre à la tête de l' « Armée de Coblentz », le Cabinet en question, devenu en 1789 « propriété nationale », fut confisqué et, par décret du 11 mai 1793, attribué au Cabinet national du Jardin des Plantes.

Un descendant du frère cadet du Grand Condé, Louis-François Prince de Conti (1717-1776), qui, depuis son veuvage, était devenu, dans l'Ordre de Malte, Grand-Prieur de France, possédait un Cabinet qui fut acquis par le Comte de La Tour d'Auvergne.

(1) Tournefort avait réuni cette collection dans le dessein de composer un ouvrage qui aurait facilité l'étude des coquilles et il a même laissé, pour permettre de classer méthodiquement ces « Testacea », un « codex manuscrit » qui, parvenu, par l'intermédiaire du médecin J. Targioni, entre les mains du conchyliologiste Italien, Nicolas Gualtieri, a été publié par celui-ci à Florence en 1742 [*Index Test. Conch.*, p. XVII].

Louis-Jean-Marie de Bourbon, Duc de Penthièvre
(1725-1793), Grand-Amiral de France, fils du Comte
de Toulouse et petit-fils de Louis XIV et de Mme de
Montespan, lequel eut à la fois pour bru la malheu-
reuse Princesse de Lamballe et pour gendre Philippe-
Egalité, était devenu propriétaire du Cabinet qu'avait
formé au château de Sceaux le Comte d'Eu, 2° fils du
Duc du Maine et également petit-fils du Grand Roi (1).

Sous Louis XIV, le Duc d'Orléans (1674-1723), le
futur Régent, s'occupait de chimie dont il avait installé
au Palais-Royal un laboratoire très bien monté, et on
sait quelles accusations d'empoisonnement furent
portées contre lui lors des décès successifs qui frap-
pèrent la famille Royale.

Son fils, Louis (1703-1752), qui se démit de ses
charges pour passer les dix dernières années de sa vie
à l'abbaye de Sainte-Geneviève, protégea les savants,
mais s'occupa surtout d'érudition.

Sa seconde fille, Marie-Adélaïde, retirée au couvent
de Chelles, dont elle devint abbesse, passait pour s'y
livrer à l'étude de la physique, de la chimie et de l'histoire naturelle.

Son petit-fils, Louis-Philippe d'Orléans (1725-1785),
se proposa de constituer particulièrement un Cabinet
de minéralogie et lui donna pour garde J.-Et. Guet-
tard (1715-1786), Pensionnaire de l'Académie des
Sciences.

Du reste, le goût des sciences paraît avoir été
répandu dans le personnel de la Maison d'Orléans :
un des médecins de ce Prince, Petit, avait rassemblé

(1) Le Duc de Penthièvre s'était attaché, d'abord comme page, puis
comme écuyer Florian, qui lui a dédié son églogue *Ruth*. Cuvier [1858,
Lettres à C.-M. Pfaff, p. 55] relate que, lors des manifestations popu-
laires qui saluèrent, en août 1788, la chute du Contrôleur général des
Finances, Et.-C. Loménie de Brienne, Archevêque de Sens, le Chevalier
Claris de Florian, Lieutenant-Colonel de Dragons, eut le bras fracturé.

différents objets d'histoire naturelle, surtout des minéraux, et le chef de cuisine, Filbert, possédait un Cabinet très riche en coquilles (1).

Quant à l'arrière-petit-fils du Régent, Louis-Phi-
lippe-Joseph (1747-1793), Duc de Chartres, puis d'Orléans, le futur Philippe-Egalité, il avait commencé,
lui aussi, à se former un Cabinet, mais il s'intéressa
surtout à la femme du fils de Buffon, laquelle succéda,
dans les faveurs princières (2), à Mme de Genlis (3), et
on a même insinué que le désir de se débarrasser du
mari contribua à faire monter cet infortuné, le 10 juillet 1793, sur l'échafaud, où le Prince le suivit d'ailleurs quelques mois plus tard, le 6 novembre (4).

Dans la famille d'Albert de Luynes, favori de
Louis XIII, nous trouvons :

d'une part, rue Saint-Dominique, un descendant
direct, le Duc de Chevreuse, Pair de France, Gouverneur de Paris, dont les collections furent héritées par
son fils, le Duc de Luynes ;

(1) Un pharmacien de la Maison du Duc d'Orléans fut le père de
l'illustre chimiste A.-F. de Fourcroy (1755-1809), qui, Professeur de
Chimie au Jardin du Roi en 1784 et en même temps naturaliste dis-
tingué, publia en 1785 son *Entomologia parisiensis*, où, aidé par E.-L.
Geoffroy lui-même, il latinisa les noms vernaculaires donnés par cet
auteur en 1742 [*Hist. Insectes envir. Paris*].

(2) Lorsque, le 3 septembre 1792, les assassins de Mme de Lamballe
portèrent sa tête au bout d'une pique à travers les rues de Paris, ils
s'arrêtèrent devant le palais du Duc d'Orléans, qui se montra à une
croisée, ayant à côté de lui sa maîtresse, Mme de Buffon (Epousée en
secondes noces par le fils de Buffon, elle était petite-nièce d'une très
proche cousine de Daubenton, laquelle était devenue la femme de
celui-ci).

(3) W. Engelmann [1846, *Bibliot. hist.-nat.*, p. 530] indique Mme la
Comtesse de Genlis (1746-1830) comme l'auteur d'un livre très rare,
composé et imprimé à petit nombre en 1786 au Palais-Royal par les
enfants du Duc d'Orléans, qui l'avaient pour gouvernante et auxquels
elle faisait apprendre un peu tous les métiers (l'aîné devait devenir le
Roi Louis-Philippe) : *Explications des planches de l'ouvrage sur les
Papillons d'Europe de M. Ernst* [Voir plus loin, p. 14]; ce texte ne
contient autre chose que les noms des Insectes représentés.

(4) Lamartine mentionne que Buffon, le grand naturaliste, avait été
lui-même un des familiers du Duc d'Orléans : il appelait Mme de Genlis
« ma fille » et venait assidûment passer au Palais-Royal les dernières
soirées de sa vie.

d'autre part, rue de Varennes, un arrière-neveu, le Duc de Chaulnes, Michel-Ferdinand d'Albert d'Ailly, Pair de France, Gouverneur de Picardie, puis Lieunant-général de la province de Bretagne, Membre honoraire de l'Académie des Sciences, surnommé par Louis XV « l'honnête homme », esprit curieux de tous les phénomènes de la nature, qui, dans son château près de Péronne, se consacrait volontiers, du matin au soir, à quelque expérience de physique ou de chimie et dont la collection de coquillages occupait douze tiroirs.

Citons encore :

le Duc de Bouillon, qui, possesseur d'un Cabinet dispersé à sa mort survenue en 1780, s'appliquait surtout, suivant l'exemple du Régent, à la chimie et avait à la Villette un laboratoire où la légende veut que sa femme ait pris le poison dont elle se serait servie pour supprimer Adrienne Lecouvreur, sa rivale dans le cœur du Maréchal de Saxe ;

Le Comte de La Tour d'Auvergne, Maréchal des Camps et Armées du Roi, qui, ayant la plus superbe collection de coquilles de Paris, avec une immense quantité d'espèces et de variétés, l'avait encore augmentée considérablement par l'acquisition du Cabinet du Prince de Conti (1) ;

le Duc de Sully, Pair de France, dont le Cabinet, composé de cinq pièces de suite, contenait une belle collection où étaient amassés tous les genres de curiosités et qui offrait notamment deux coquilliers de quarante-huit tiroirs.

On peut signaler aussi :

(1) Le Catalogue du Cabinet du Comte de La Tour d'Auvergne fut rédigé en 1784 par Favanne fils [1 vol. de 558 pages, avec 0 planches].

la collection ornithologique du Duc de Montmorency, en son hôtel, rue Saint-Marc ;

le Cabinet de minéralogie du Duc de La Rochefou-
cauld, Membre honoraire de l'Académie des Sciences,
rue de Seine (1) ;

la collection, surtout riche en minéraux, du Comte
(plus tard Marquis) de Drée, rue de Lille, beau-frère
du géologue et minéralogiste D. de Gratet de Dolomieu (1750-1801) (2) ;

le Cabinet du Comte de Tressan, Gouverneur de la
Lorraine, Associé libre de l'Académie des Sciences,
à Toul.

Parmi les ministres et hauts fonctionnaires, on
rencontre comme collectionneurs :

le Prince de Montbarey, Ministre de la Guerre de
1777 à 1780 ;

de Boynes, Ministre de la Marine ;

le fils du Comte de Vergennes, Ministre des Affaires
Etrangères ;

M.-A.-R. Voyer d'Argenson, dit le Marquis de
Paulmy, Ministre d'Etat, Gouverneur de l'Arsenal ;

de Lalive de July, Introducteur des Ambassadeurs ;

le Marquis de Bonnac, Ambassadeur de France en
Hollande (3).

enfin, à la Chancellerie, le vertueux Président de
Malesherbes, qui échangeait avec J.-J. Rousseau des

(1) C'est Louis-Alexandre de La Rochefoucault (1743-1792), qui,
partisan modéré de la Révolution, fut massacré en septembre 1792, à
Gisors, sous les yeux de son ami Dolomieu.

(2) Lamarck cite, pour deux de ses espèces, *Castalia ambigua* et
Sphærulites foliacea, le Cabinet de M. de Drée.

(3) Sa collection fut mise en vente à Paris le 11 novembre 1757 et
le Catalogue en fut dressé par les sieurs Helle et Remy [1927, Lamy,
Journ. de Conchyl., LXXIII, p. 69].

Elle renfermait, entre autres pièces de la plus grande rareté, une
Pourpre unique qui n'était connue jusqu'alors dans aucun Cabinet,
pas même en Hollande, où elle avait fait l'admiration des curieux.

lettres sur la botanique et qui faisait partie vers 1788 des quelques amis que Daubenton réunissait parfois le soir à l'hôtel de Magny dans le Jardin des Plantes (1).

Mentionnons tout particulièrement un Président au Parlement de Paris, Gabriel Bernard, appelé communément le Président de Rieux, fils cadet du financier Samuel Bernard, auquel Louis XIV, pressé d'argent, avait fait les honneurs de Marly : propriétaire du château de Passy et d'un somptueux hôtel rue Notre-Dame des Victoires, cet amateur passionné (2) possédait une collection de coquilles renfermée dans un grand bureau qui occupait tout le milieu d'un Cabinet et, chose plus rare, on y voyait, pour montrer la structure intérieure de tous les genres de coquillages, des préparations anatomiques exécutées par l'Académicien Jean Méry (1645-1722), fort habile pour les dissections fines et délicates.

Plusieurs autres membres des Parlements étaient aussi d'ardents collectionneurs :

Sevin, Conseiller honoraire au Parlement de Paris ;

de Robien, Président à mortier à Rennes (3) ;

de Saint-Victor, Président à Rouen ;

d'Urfé, Président à Dijon ;

le Baron de La Tour d'Aigues, Président à mortier au Parlement de Provence.

Le savant J.-Fr. Séguier, allié à la famille des

(1) Lorsque le médecin et naturaliste Broussonnet fonda en 1788 la Société Linnéenne de Paris, il s'associa Malesherbes, Roland de la Platière, Lavoisier, Fourcroy, Daubenton, Faujas de Saint-Fond, Bruguière, Olivier, Dolomieu, Lacépède, Thouin, Desfontaines, Redouté, etc.

(2) Il mourut en 1745, laissant un fils qui, du chef de sa mère, prit le titre de Marquis de Boulainvilliers.

(3) La fille unique de ce riche Président au Parlement de Bretagne épousa le Vicomte de Mirabeau, surnommé « Mirabeau-Tonneau », frère puîné du grand orateur, mais elle le chassa de sa maison le second jour de leur mariage [1856, Cuvier, *Lettres à C.-M. Pfaff*, p. 286].

magistrats Parisiens de ce nom et fils d'un Conseiller au Présidial de Nîmes, possédait, dans cette ville, de très belles collections qu'il avait rassemblées en parcourant, avec le Marquis Scipion Maffei, pendant 23 ans, une partie de l'Europe et qui renfermaient notamment de précieux Poissons fossiles des environs de Vérone.

Citons également :

de Bon (Saint-Hilaire), Conseiller d'Etat, Premier Président honoraire des Cours des Comptes, Aides et Finances de Montpellier (1) ;

de Nanteuil, Fermier général des Messageries du Languedoc et d'Anjou (2) ;

de Montigny, Trésorier de France, allié à la famille de Voltaire (3) ;

Legouz de Gerlan, ancien Grand-Bailli du Dijonnais, qui donna sa collection, en 1764, à l'Académie de Dijon ;

Clément de Lafaille, Avocat au Parlement de Toulouse, Contrôleur ordinaire des Guerres à la Rochelle, qui légua à l'Académie des Belles-Lettres, Sciences et Arts de cette dernière ville son Cabinet, conservé actuellement à l'ancien évêché (4) ;

de Joubert, Trésorier général des Etats du Languedoc, dont l'important Cabinet, situé place Vendôme, est mentionné à plusieurs reprises par Bru-

(1) Il fut le premier expérimentateur qui ait cherché à exploiter pratiquement la soie d'Araignée et il publia en 1710 une *Dissertation sur l'utilité de la Soye des Araignées.*

(2) Il avait acheté au prix de six cents livres, à la vente d'un sieur Picard, une « Harpe impériale » (*Harpa costata* L.), qui passait pour la plus belle connue.

(3) Etienne Mignot de Montigny (1714-1782), Pensionnaire de l'Académie des Sciences, rue Vieille-du-Temple : son oncle paternel avait épousé la sœur de Voltaire.

(4) Son homonyme de La Faille, Auditeur des Etats à La Haye, possédait la plus ample collection qui existât alors en Hollande et qui fut vendue en 1732.

guière, auquel il avait accordé la permission de décrire tous les objets précieux qui y étaient contenus.

Gigot d'Orcy, Receveur général des Finances, avait consacré une partie de sa fortune à constituer un très beau Cabinet (1), riche surtout en Insectes, et il fit les frais d'ouvrages luxueux : 1° les *Papillons d'Europe* (1779-1792) peints par J.-J. Ernst, artiste de Strasbourg, et décrits par le R. P. Engramelle (1727-1781), Religieux du couvent des Petits Augustins (2) ; 2° les deux premiers volumes des *Coléoptères* de l'entomologiste G.-A. Olivier (1756-1814).

Le Marquis de Marigny, Directeur général des bâtiments du Roi, rue Saint-Thomas du Louvre, c'est-à-dire Abel-François Poisson (1727-1781), frère de Mme de Pompadour, possédait un beau Cabinet qui avait été formé par les soins de l'Abbé Nolin.

Enfin, le célèbre Contrôleur général des Finances Charles-Alexandre de Calonne (1734-1802) montra un goût éclairé pour l'étude des coquilles (3) et pourvut largement aux frais de l'édition de la *Conchyliologie* des Favanne : lors de l'émigration, son cabinet fut vendu en Angleterre et on en possède le Catalogue de vente, qui, publié en 1797 sous le titre de *Museum Calonnianum* et attribué pendant longtemps à George Humphrey, libraire et marchand naturaliste à Londres, a, en réalité, pour auteur le conchyliologiste

(1) C'est dans ce Cabinet que Bruguière avait eu l'occasion de voir des œufs de *Bulimus oblongus* Müll. = *hæmastoma* (Scop.) Gmel., qui ressemblent plutôt à des œufs d'oiseau qu'à ceux de coquillage.

(2) Nous avons vu [p. 9] que Mme de Genlis publia en 1786 les « Explications » des planches de cet ouvrage.

Un amateur, M. Carangeot, qui possédait, rue Caumartin, à l'hôtel d'Aumont, une collection intéressante et variée des trois règnes, s'était chargé de la suite de ce livre du P. Engramelle.

(3) En 1786, il acheta plusieurs coquilles à la vente du Cabinet de la Duchesse de Portland [1822, Férussac, *Tabl. Systém. Anim. Moll.*, pp. 79 et 80].

Danois C.-H. Hwass [1930, Lamy, *Journ. de Conchyl.*, LXXIV, p. 42].

Les militaires s'intéressant à l'histoire naturelle étaient également nombreux et on peut signaler :

le Lieutenant-Colonel d'Infanterie Blondel d'Azincourt ;

le Premier Major des Carabiniers Raudot ;

un Mestre de camp de Cavalerie, le Marquis de Gouffier (1) ;

un Commandant de bataillon au Régiment de Champagne, M. de Montflambert ;

un Capitaine aux Gardes françaises, le Marquis d'Houël ;

l'ancien Colonel du Régiment Dauphin, Bonnier de la Mosson, dont le Cabinet, vendu en 1744 avec un catalogue de Gersaint, remplissait sept pièces d'enfilade : la 7ᵉ était une bibliothèque et, dans son milieu, se trouvait une grande table servant de parterre à de très belles coquilles (2) ;

aux Invalides : le Major de l'Hôtel, le Lieutenant-Colonel de Gilibert de Marilhac ; le Chirurgien-Major S.-F. Morand ; l'Apothicaire-Major Balthazar Sage, qui, possesseur d'un célèbre Cabinet de minéralogie, devait devenir, en 1783, Directeur de l'Ecole des Mines.

---

(1) M. A. Bigot [1930, *Bull. Soc. Antiquaires Normandie*, XXXVIII, p. 7] a signalé l'existence à Paris, rue de Varennes, nº 56, d'un fronton, décoré de coquillages, qui orne le portail de l'hôtel construit en 1760 par de Gouffier, Marquis de Thoy.

(2) Dans la Bibliothèque Doucet, il y a un album de dessins de l'architecte Courtonne, qui figurent l'aménagement des vitrines destinées à ce Cabinet [1930, A. Bigot, *loc. cit.*, p. 4].

Bonnier de la Mosson était notamment possesseur de pièces d'anatomie humaine en cire qui faisaient l'ornement de son Cabinet : après sa mort, elles furent achetées par M. de la Bouxière, Fermier général, qui en fit don au Cabinet du Roi [1749. Daubenton, *in* Buffon, *Hist. Nat.*, III, p. 256].

Le clergé montrait une curiosité également vive pour les choses de la nature.

Le Prince Louis, Grand-Aumônier de France, c'est-à-dire le fameux Cardinal Louis-René-Edouard de Rohan (1734-1803), qui devait se compromettre dans l'Affaire du Collier, avait une très belle collection, riche surtout en minéraux ;

Christophe de Beaumont, Archevêque de Paris de 1746 à 1781, l'adversaire de J.-J. Rousseau, possédait à Charenton, au château de Conflans, résidence d'été des Archevêques de la capitale depuis 1673 jusqu'à la Révolution, un joli Cabinet d'histoire naturelle.

L'Evêque d'Uzès, qui en 1788 adressait une note sur les Anguilles de Vaucluse à Lacépède, est qualifié par celui-ci d' « ami très zélé et très éclairé des sciences naturelles » (1).

Citons ensuite :

l'Abbé Joly de Fleury, Chanoine de l'Eglise de Paris (2), qui avait un Cabinet renfermant les coquillages les plus rares ;

l'Abbé Aubry, ancien Vicaire de Saint-Eustach. Curé de Saint-Louis dans l'Isle, qui avait réuni une collection riche surtout en Oiseaux (3) ;

l'Abbé Goutbout, Vicaire de cette dernière église ;

l'Abbé Dufour, Vicaire de la paroisse de la Magdelaine en la Cité, sur l'emplacement du moderne Hôtel-Dieu ;

(1) Ce prélat était Henri-Benoît-Jules de Béthisy de Mézières (1744-1817), qui fut, de 1779 à 1801, le dernier occupant de ce siège épiscopal [Renseignement obligeamment communiqué par M. l'Abbé H. Bompard, Curé-Archiprêtre d'Uzès (8 décembre 1930)]. Député du clergé aux Etats-Généraux de 1789, il s'y montra fougueux défenseur des privilèges de son ordre et, plus tard, protesta contre le Concordat.

(2) Il appartenait à une illustre famille de magistrats.

(3) Dans l'*Histoire Naturelle* de Buffon, M. Aubry est cité fréquemment et on y lit : « Son goût et ses lumières en histoire naturelle brillent dans son Cabinet qui est un des plus curieux de la ville de Paris. »

l'Abbé Laugier de Beaurecueil, Curé de Sainte-Marguerite ;

l'Abbé Nomel, Supérieur du Séminaire de Saint-Nicolas ;

l'Abbé Nolin, Contrôleur général des Pépinières de France, à la barrière du Roule (1) ;

l'Abbé de Moncrif, Docteur en Sorbonne, Doyen de la Cathédrale d'Autun, parent du membre de l'Académie Française Paradis de Moncrif.

Mentionnons spécialement l'Abbé de Crillon qui, possesseur, d'abord dans le Comtat (Avignon), d'un superbe Cabinet renfermant un choix admirable de coquilles (2), le transporta vers 1767 à Paris, où il vint demeurer à la Place Royale. La riche bibliothèque de M. Ph. Dautzenberg contient un manuscrit, accompagné de planches dessinées et coloriées à la main, qui est le Catalogue de cette collection, avec la date : « à Paris, le 20 may 1776 ». Il s'agit très probablement du théologien Louis-Athanase de Crillon (1726-1789) (3), Agent général du Clergé en France, auteur des *Mémoires philosophiques de M. le Baron de* ***** (1777), livre où sont combattues les doctrines du Baron d'Holbach [1930, Lamy, *Journ. de Conchyl.*, LXXIV, p. 166].

---

(1) C'était l'Abbé Nolin qui avait formé le Cabinet du Marquis de Marigny [Voir plus haut, p. 14].

Il ne faut pas le confondre avec l'Abbé J.-A. Nollet (1700-1770), Maître de physique des Enfants de France, qui fit de la physique expérimentale un divertissement mondain.

(2) Dans ce magnifique Cabinet existait l'un des deux seuls exemplaires de « Rocher coloquinte » (*Voluta brasiliana* Sol. = *colocynthis* Chemn.) connus alors à Paris; l'autre se trouvait dans la collection du Comte de La Tour d'Auvergne.

(3) Il descendait de l'ami et compagnon d'armes d'Henri IV et il en raconté les exploits dans une *Vie de Louis des Balbes de Berton de Crillon*, parue seulement en 1826 avec accompagnement de notes historiques et critiques par P.-A. de Fortia d'Urban.

Il était le frère de Louis de Crillon, qui, en 1782, reprit aux Anglais l'île de Minorque et fut alors créé Duc de Mahon.

A Reims, il convient de signaler l'Archidiacre Favart, qui se défit de son Cabinet en faveur de M. Le Cat, Chirurgien de Rouen (1) et qui eut un neveu, l'Abbé Christ-Elis. Favart d'Herbigny, Chanoine de la Cathédrale, lequel se forma, lui aussi, une belle collection et publia, en 1775, un *Dictionnaire d'histoire naturelle qui concerne les Testacées ou les Coquillages*.

Au Havre, l'Abbé J.-F. Dicquemare (1733-1789) poursuivait de curieuses recherches sur la physiologie des animaux marins et, outre divers mémoires insérés dans les *Philosophical Transactions* et le *Journal de Physique*, il a laissé d'importants manuscrits, accompagnés de planches gravées (notamment un mémoire sur l'Huître avec six planches), qui appartiennent aujourd'hui à la Bibliothèque de Rouen.

Il faut noter encore la collection particulière de l'Abbé J.-L.-M. Poiret, qui fit un voyage en Barbarie, pendant les années 1785 et 1786, et publia en 1789 le résultat de ses recherches (2).

Messieurs du Séminaire de Saint-Sulpice possédaient un Cabinet qui avait été augmenté par l'Abbé Moiroux, l'un des Directeurs.

Parmi les couvents où se trouvaient des collections, citons à Paris :

les Chanoines réguliers de l'Abbaye de Sainte-Geneviève, à la Montagne, chez lesquels le Cabinet renfermait des coquilles rangées par le Chanoine Mongez suivant le système de Lister (1) ;

(1) Daubenton [1749, *in* Buffon, *Hist. Nat.*, III, p. 188] mentionne M. Le Cat, Correspondant de l'Académie des Sciences. comme l'inventeur d'un mode de fermeture des bocaux pour la conservation des pièces dans l'alcool.

(2) Il devint, après la Révolution, Professeur d'histoire naturelle à l'École centrale du département de l'Aisne;

(1) Le R. P. Molinet a écrit en 1692 un ouvrage intitulé : *Le Cabinet de la Bibliothèque Saint-Geneviève, divisé en deux parties, contenant.... des animaux les plus rares et les plus singuliers, des coquilles les plus*

les Carmes Déchaussés, rue de Vaugirard ;

les Révérends Pères de la Charité ;

les Bénédictins de l'Abbaye Saint-Germain des Prés, rue Jacob ou du Colombier (1) ;

les Pères Dominicains ou Jacobins, dont le couvent se trouvait sur l'emplacement du marché Saint-Honoré actuel (2) ;

les Pères Feuillants de la rue Saint-Honoré, près des Tuileries (3) ;

En Lorraine, l'Abbaye de Sénones possédait un Cabinet dû au savant Bénédictin Dom Calmet (1672-1757).

Les philosophes ne se montraient pas moins ardents pour les sciences.

J.-J. Rousseau est bien connu par sa passion pour la botanique.

On sait moins que son rival Voltaire s'est occupé de malacologie : dans ses lettres, on le voit tantôt se déclarer toujours curieux de savoir comment les Huîtres font l'amour, tantôt s'intéresser aux phéno-

---

considérables....; in-fol., 224 pages, avec planches [1893, L. Vaillant, *Centenaire fondation Muséum,* p. 280].

(1) C'était l'un des rares Cabinets possédant le Bivalve nommé « le Dévidoir » (*Arca tortuosa* L.).

(2) Leur Cabinet, formé par les soins du P. Labat, contenait notamment diverses productions du règne animal, observées à l'île de Saint-Domingue par le P. Nicolson, missionnaire Irlandais [1776, *Essai hist. nat. St Domingue,* p. 315].

A ce même couvent avait également appartenu, au xviie siècle, le P. Jacques Barrelier (1606-1675), qui fit exécuter de nombreuses planches d'histoire naturelle (dont trois consacrées à des coquilles), publiées en 1714 par Antoine de Jussieu [1930, Ph. Dautzenberg et G. Dollfus, *Journ. de Conchyliologie,* LXXIV, p. 297].

(3) Relevons une intervention inattendue de la conchyliologie dans les querelles politiques de cette époque. Lorsque, par un arrêt du 6 août 1762, le Parlement de Paris eut prononcé la dissolution de l'ordre des Jésuites, les marchands de la foire Saint-Ovide, qui se tenait place Vendôme, imaginèrent, avec grand succès, de fabriquer de petits pantins habillés en Jésuites et ayant pour base une coquille d'escargot, « emblème de l'esprit entortillé de ces pères » : le jeu d'une ficelle produisait la sortie de la figurine hors du test, puis l'y faisait rentrer.

mènes de régénération des parties mutilées chez les
Mollusques et poursuivre, de 1767 à 1774, à Ferney,
toute une série d'expériences d'ablation de la tête
faites sur des Escargots et des Limaces [1912, Edm.
Bordage, *Biologica*, II, p. 135].

Un autre adversaire de Voltaire, l'astronome et
géomètre Maupertuis (1698-1759), a fait aussi quelques
mémoires d'histoire naturelle.

Le philosophe matérialiste Paul-Henri Dietrich
Baron d'Holbach (1723-1789), qui hébergeait ses bons
amis Grimm et Diderot (1) au château du Grand-Val,
à Sucy-en-Brie, cultivait avec ardeur les sciences naturelles : il a publié divers ouvrages sur la chimie, la
minéralogie, la métallurgie, traduits, pour la plupart,
de l'allemand, notamment en 1753 la *Minéralogie* de
J.-G. Wallerius.

L'illustre orateur Mirabeau, dans sa jeunesse, s'était
occupé de géologie et a consacré un mémoire aux
Salines de la Franche-Comté.

Parmi les collectionneurs on trouve également des
artistes.

François Boucher (1704-1770), Premier Peintre du
Roi, au Vi 'x-Louvre, avait un Cabinet curieux, aussi
agréable qu instructif, qui fut vendu à sa mort : les
coquillages surtout, que ce peintre ingénieux avait
placés sur des tables couvertes de glaces, attiraient
les regards soit par la rareté de l'espèce, soit par leur
grandeur, soit enfin par l'éclat et la variété de leurs
couleurs, jointes à la plus belle conservation [1928,
Lamy, *Journ. de Conchyl.*, LXXII, p. 229].

Le Chevalier de Jullienne, des Gobelins, Amateur

---

(1) A Paris, Diderot et le Baron d'Holbach demeuraient vis-à-vis rue
Taranne.

honoraire de l'Académie de Peinture et de Sculpture,
possédait, outre de nombreux tableaux, dessins et
estampes, une belle collection d'histoire naturelle, où
figuraient plusieurs coquilles rares.

Un professeur de mathématiques à cette même
Académie, Louis Joblot, s'était livré à de minutieuses
observations sur les animalcules microscopiques
[1718, *Descriptions et usages de plusieurs nouveaux
microscopes* ; 1754, *Observations d'histoire naturelle*].

Un peintre et sculpteur, Aubert, de l'Académie de
Saint-Luc, logé aux Petites Ecuries du Roi, faubourg
Saint-Denis, avait un magnifique Cabinet.

M. Lebrun, « Garde des tableaux de S. A. R. le
Comte d'Artois » et mari de Mme Vigée-Lebrun (1756-
1842), possédait une collection de coquilles de
choix (1).

Un artiste de la Comédie Italienne, Zanuzzi, avait
fait l'acquisition d'un Cabinet riche en belles coquilles,
qui avait appartenu à M. Chauveau, de l'Académie de
Saint-Luc, quai d'Anjou, île Saint-Louis.

Chez Mlle Clairon [Claire-Joséphine Legris de la
Tude] (1723-1803), de la Comédie Française, rue
Vivienne, on admirait un Cabinet qui fut vendu en
1773 au Baron Russe Demidoff (2).

Mlle Fel, de l'Académie Royale de Musique, aurait
été également an nombre des amateurs de curiosités
d'histoire naturelle (3).

(1) C'était la seule de Paris qui renfermât une coquille appelée « le
Tonnerre éclatant » (*Voluta rupestris* Gmel.).

(2) Buffon et Mlle Clairon figuraient parmi les hôtes du salon de
Mme Geoffrin.

(3) La cantatrice Marie Fel (1713-1789) fournit à l'Opéra, de 1733 à
1758, une brillante carrière : elle inspira une ardente passion au Baron
Grimm et on connaît sa liaison (de 1753 à 1784) avec le célèbre peintre
Quentin de La Tour, qui fit d'elle en 1757 un merveilleux portrait; elle
a écrit à d'Argenville, qui, en même temps que conchyliologiste, était
un amateur éclairé des beaux-arts (il publia en 1745 un *Abrégé de la
vie des plus fameux peintres*), une page biographique où elle excuse

Les négociants sacrifiaient, eux aussi, à la passion du jour.

Tout naturellement ce sont surtout les joailliers, par exemple celui du Roi, Jacmin, quai de l'Ecole, et un nommé Gallois, qui avait acquis le Cabinet de Bellanger, Directeur de la Ferme du Tabac.

Mais on signale également un manufacturier de tapisseries à Rouen, M. François, un commerçant au Havre, M. Bléville du Bocage, un marchand brasseur à Dieppe, M. Godebout, etc., et même un épicier, M. Le Conte, qui, à Caen, avait une collection considérable par la quantité et la variété des coquilles qu'elle contenait.

Enfin, moins discrets que d'Argenville, à qui le respect ne permettait pas de nommer plusieurs Dames aussi distinguées par leur rang que par leur goût pour les sciences, n'hésitons pas à en citer quelques-unes :

Mme la Présidente de Bandeville, habitant quai d'Orsay, au coin de la rue des Saints-Pères, et possédant une maison de campagne à Passy, avait rassemblé une collection de coquilles des plus rares dont certaines mêmes uniques, mentionnées par Lamarck (1). Ce Cabinet était passé en 1792, d'après Bruguière, entre les mains de l'Abbé Gruel et fut acheté ultérieurement par le Prince de Masséna.

Mme du Bois Jourdain, veuve d'un ancien Ecuyer du Roi et Lieutenant-général au Gouvernement du

La Tour du haut prix qu'il attachait à ses pastels [1886, Champfleury, *Les Artistes célèbres : La Tour*, p. 75].

(1) Il dit que deux coquilles de sa collection, *Petricola pholadiformis* Lk. et *Crepidula dilatata* Lk., provenaient du Cabinet de Mme de Bandeville, qui avait également possédé notamment un *Conus cedo-nulli* Hw., ayant fait partie de la collection de Lyonnet, l'unique *Murex radix* Gmel. existant alors à Paris et un *Helix nemoralis* L. sénestre.

Toulois, avait également une collection importante, qui fut vendue avant 1775 (1).

On peut encore signaler :

Mme de Puysieux, au château de Vincennes ;

Mme la Comtesse de Fuligny-Rochechouart, dans sa terre d'Agey, près de Dijon ;

Mme de Courtagnon, à son château, près de Reims, dont le Cabinet était composé de vingt-quatre tiroirs renfermant 2500 coquilles de mer, 400 d'eau douce et terrestres (2) ;

Mme de Durfort de Civrac, Abbesse de Saint-Auxone, à Angoulème ;

Mme la Supérieure de l'hôpital de la Pitié, à Paris, qui possédait une petite collection d'histoire naturelle, dont elle avait hérité par la mort du sieur Blangie, tapissier dudit établissement ;

Enfin, Mlle Thouin, au Jardin du Roi (3).

Quant aux véritables gens de science, médecins, apothicaires, vétérinaires, etc., faisant des collections, ils étaient légion et nous ne mentionnerons que les principaux.

C'est d'abord la dynastie des Geoffroy [1929, Lamy, *Journ. de Conchyl.*, LXXIII, p. 129].

Un apothicaire Parisien, Mathieu-François Geoffroy, déjà connu dans la science (4), eut deux fils :

L'aîné, médecin, Etienne-François (1672-1731),

(1) A cette vente un « Amiral de Guinée » (*Conus guinaicus* Hw.) fut acheté 54 livres, 5 sols.

(2) A sa mort, son Cabinet fut vendu et Drouet, négociant à Reims, fit l'acquisition de la plus grande partie.

(3) Il s'agit probablement de l'un des six enfants du Jardinier en chef, Jean-André Thouin, dont le fils aîné, André, devint Professeur au Muséum.

(4) Chez lui se tenaient des conférences où se rendaient plusieurs savants fameux, l'astronome J.-D. Cassini, l'anatomiste J.-G. Duverney, etc., et ces réunions auraient même préludé à la création de l'Académie des Sciences fondée en 1666 par Colbert.

demeurant rue des Singes, près l'église des Blancs-Manteaux, obtint en 1712 la Chaire de Chimie au Jardin du Roi (1).

Le cadet, apothicaire, Claude-Joseph (1685-1752), Pensionnaire-chimiste de l'Académie des Sciences, possédait, rue Bourg-Tibourg, un Cabinet embrassant toute l'histoire naturelle : le rez-de-chaussée comprenait, outre une bibliothèque, un droguier d'environ 1800 bocaux de cristal remplis de ce qu'il y avait de plus curieux dans les trois règnes : on ne pouvait trouver nulle part une suite plus complète de fossiles, de minéraux, de métaux, etc. (1) ; au premier étage, plusieurs pièces renfermaient un fort bel ensemble de coquilles choisies et très bien rangées. Geoffray aimait, comme l'œuvre de toute sa vie, ce Cabinet qu'il faisait voir aux amateurs avec la plus grande complaisance, et, craignant que ses collections ne fussent dispersées après sa mort, il avait, dans son testament, chargé Bernard de Jussieu d'en faire l'estimation et ordonné de les conserver dans leur entier à l'aîné des deux fils qu'il avait eus d'un second mariage.

Malheureusement ce fils, qui lui succédait dans sa profession et qui avait déjà été admis au nombre des membres de l'Académie des Sciences, fut enlevé en 1753 par une mort prématurée et ce décès eut pour conséquence la vente publique de ce Cabinet, pour laquelle il fut publié un Catalogue des richesses qui y avaient été rassemblées.

(1) Il accompagna comme médecin en Angleterre (1698) le Comte de Tallard [plus tard Maréchal de France] et en Italie (1700) l'Abbé de Louvois [4e fils du Ministre de Louis XIV]. Il fut nommé à l'Académie des Sciences Elève-Chimiste en 1699 et Pensionnaire en 1716. Il fit en 1704, comme thèse composée en latin, une Dissertation sur la génération de l'homme par les vers spermatiques et il fut élu en 1726 Doyen de la Faculté de Médecine.

(2) Il s'y trouvait une importante série de bézoards, qui passa plus tard entre les mains d'un riche amateur, Davila.

Un autre Geoffroy, le fils d'Etienne-François, est l'auteur d'ouvrages bien connus de tous les Entomologistes et Conchyliologistes : c'est Etienne-Louis (1725-1810), qui, médecin comme son père, fit paraître une *Histoire des Insectes des environs de Paris* (1762-64) et un *Traité sur les coquilles fluviatiles et terrestres des mêmes environs* (1767) : il était possesseur d'un Cabinet très intéressant relatif à ces différents groupes d'animaux (1).

Un de ses fils, René-Claude Geoffroy de Villeneuve, également médecin (2), rapporta, du Sénégal et de Saint-Domingue, des collections pour le Muséum de Paris (3).

Buffon (1707-1788) avait rassemblé, dans son château de Montbard, diverses productions peu communes des trois règnes et surtout celles qui étaient relatives à l'histoire naturelle de sa province.

Bernard de Jussieu (1699-1777), Démonstrateur des plantes au Jardin du Roi, avait un Cabinet qui, après sa mort, passa à son neveu Antoine-Laurent.

G.-F. Boulduc (1675-1742), Apothicaire du Roi, avait succédé à son père Simon, comme Démonstrateur de chimie au Jardin du Roi en 1729 : son riche Cabinet d'histoire naturelle fut acquis par J.-M.-F. de Lassone (1717-1788), Premier Médecin du Roi en survivance à Marly.

G.-F. Rouelle (1703-1770), Apothicaire-Chimiste, rue Jacob, qui remplaça Boulduc en 1742 au Jardin du

---

(1) Il fut nommé en 1798 Associé non résidant de la section d'anatomie et de zoologie de la 1re classe de l'Institut.

(2) Il devint médecin de l'Hôtel-Dieu et membre de l'Académie de Médecine.

(3) Cette famille comprenait une autre branche qui, de Troyes, vint, vers 1720, s'établir à Etampes et l'un de ses membres, Jean-Gérard, alors simple Procureur, plus tard Juge au Tribunal d'Etampes, eut en 1772 un fils qui devait rendre encore plus illustre son nom patronymique : Etienne Geoffroy Saint-Hilaire.

Roi, est également signalé comme ayant eu un Cabinet célèbre à Paris.

On admirait aussi ceux du savant maréchal-vétérinaire E.-G. de La Fosse, rue de l'Eperon, et du docteur Mahudel, membre de l'Académie des Belles-Lettres.

Michel Adanson (1727-1806), rue du Jardin-du-Roi, près la barrière (1768) (1), avait formé un Cabinet où étaient groupées les productions des trois règnes et notamment les coquilles recueillies pendant son voyage au Sénégal. Il céda ce Cabinet au Roi vers 1760, moyennant une rente viagère [1929, Lamy, *Journ. de Conchyl.*, LXXII, p. 315].

Le physicien et naturaliste Réaumur (1683-1757) avait réuni un véritable musée (2), qui comprenait minéraux, fossiles, oiseaux, insectes, plantes marines, coquilles, etc. (3), et qu'il légua à l'Académie des Sciences : par ordonnance du 2 janvier 1758, le Roi décida que tout ce qui avait rapport à l'histoire naturelle serait remis entre les mains de Buffon pour être transporté au Jardin Royal des Plantes [1929,

(1) C'est aujourd'hui la rue Geoffroy Saint-Hilaire. — D'après A.-L. de Jussieu [1808, *Ann. Mus.*, XI, p. 24], Adanson habitait un pavillon (qui fut occupé ensuite par le minéralogiste B.-G. Sage) dans une propriété particulière nommée le Clos Patouillet : celle-ci se prolongeait jusqu'à un café situé, dans le Jardin du Roi, au milieu d'un petit bois qui se trouvait derrière l'hôtel de l'Intendance (appelé maintenant maison de Buffon), sur l'emplacement actuel de la galerie de Minéralogie; en vue des agrandissements qu'il projetait, Buffon acquit en 1770 cette propriété et, peu après, fit démolir le pavillon en question.

(2) L'ornithologiste M.-J. Brisson (1723-1806) fut, dans sa jeunesse, garde de ce Cabinet.

La place qu'exigeait l'importance prise par ses collections conduisit Réaumur à quitter, vers 1740, la rue Neuve Saint-Paul, où il avait habité jusque-là, et à venir s'établir rue de la Roquette.

(3) F.-A. Aubert de Lachesnaye des Bois (1699-1784), ancien Capucin, qui a publié en 1754 une traduction de l'ouvrage de J.-T. Klein : *Naturalis dispositio Echinodermatum* (1734), a ajouté à cette édition six planches représentant des Oursins qui se trouvaient dans le Cabinet de Réaumur.

M. Caullery, *Introduction du t. VII des Mémoires de Réaumur*, p. 13].

L.-L. Pajot, Comte d'Ons-en-Bray (1678-1754), Intendant général des Postes et Relais de France, Membre honoraire de l'Académie des Sciences, possédait à Bercy un des plus beaux Cabinets de l'Europe : il laissa par testament cette collection en 1753 à Messieurs de l'Académie : elle fut transférée au Vieux Louvre dans une des salles occupées par ceux-ci, et il est probable qu'elle a suivi le sort de tous les objets d'histoire naturelle qui faisaient partie de l'ancien Cabinet de l'Académie des Sciences et qui, en vertu de deux décisions prises par cette compagnie, le 7 juillet 1807 et le 19 avril 1824, doivent avoir été déposés au Muséum de Paris.

J.-C. Valmont de Bomare (1731-1807), auteur du *Dictionnaire raisonné universel d'histoire naturelle* (1764), avait un riche Cabinet qu'il vendit en 1788 au Prince Louis-Joseph de Condé, dont les collections devinrent, comme nous l'avons vu [p. 7], propriété nationale en 1789.

Il faut encore citer le Cabinet de J.-G. Bruguière (1750-1798), Botaniste et Naturaliste du Roi, qui fut chargé dans l'*Encyclopédie Méthodique*, de l'histoire naturelle des Vers et des Mollusques (1) ; mais il succomba aux suites d'un voyage en Orient. Sa collection personnelle, particulièrement riche en coquilles, fut, après un rapport et un inventaire faits par Lamarck, acquise en 1799, pour la somme de 6000 fr. par le Ministre de l'Intérieur et incorporée dans celles du Muséum de Paris.

Il eut notamment à sa disposition, pour composer

---

(1) Daubenton, qui s'était engagé à rédiger, pour l'*Encyclopédie*, la partie relative aux Vers, confia le soin de traiter ce sujet à Bruguière, avec qui Broussonnet l'avait mis en rapport.

son importante monographie du genre *Conus* dans le
1ᵉʳ volume de l'*Encyclopédie*, une très belle collection
appartenant à un savant amateur, C.-H. Hwass (1731-
1803) : celui-ci, Conseiller de Justice du Roi de Dane-
mark, était connu dans Paris, où il habitait depuis
1780, comme possesseur d'un très riche Cabinet et,
chaque semaine, dans sa maison d'Auteuil, se réunis-
saient le conchyliologiste Danois C.-F. Schumacher
(1757-1830), Bruguière et Lamarck, qui étaient alors
étudiants en médecine.

Ce Cabinet de Hwass, après avoir passé successive-
ment entre les mains de Sollier de la Touche, de
L.-C.-M. Richard, du Prince Masséna, de B. Delessert,
est entré, en 1869, au Musée de Genève [1930, Lamy,
Journ. de Conchyl., LXXIV, p. 59].

Parmi les coquilles d'une rareté singulière qui y
étaient contenues, les contemporains signalaient : un
Nautile ombiliqué (*Nautilus umbilicatus* Chemn.), une
Porcelaine orange (*Cypræa aurora* Sol.), deux Rou-
leaux drap d'or amiral (*Conus prælatus* Hw.), un
Rouleau peau de civette jaune (*C. obesus* Hw.), un
Cornet amiral à liseré (*C. ammiralis summus* Hw.),
le plus bel Amiral grenu (*C. ammiralis archithalassus*
Hw.) des collections Européennes, un *Conus gloria-
maris* Hw., coquille qui n'existait que dans trois autres
Cabinets (ceux de Lyonnet, · Calonne, Moltke), le
meilleur exemplaire connu de *C. cedo-nulli* Hw. (1),

(1) Hwass avait eu l'occasion de comparer son exemplaire à un indi-
vidu célèbre qui faisait partie de la collection de Pierre Lyonnet (1707-
1789), Secrétaire-Interprète des Etats Généraux à La Haye (l'auteur du
Traité anatomique de la chenille du saule), et qui, par la suite, entra
dans le Cabinet de Mᵐᵉ de Bandeville.

Un spécimen de *C. cedo-nulli* avait été vendu cinq cents florins en
1711. Un autre atteignit en 1732 le prix exorbitant de mille vingt livres,
à la vente de la collection de M. de La Faille, Auditeur des Etats de
Hollande, et était passé en 1736 dans le Cabinet du Roi de Portugal.

M. d'Azincourt, n'ayant pu se procurer cette précieuse espèce, en
avait fait exécuter une peinture qu'il avait placée dans sa collection.

un superbe échantillon de Rocher pavillon d'Orange (*Voluta vexillum* Chemn.), un *Voluta Junonia* Hw., espèce rarissime dont il y avait seulement quatre spécimens à Paris, une Pourpre grande bécasse épineuse (*Murex tribulus* L.), un des deux individus de *Buccinum* [= *Bullia*] *cochlidium* Chemn. rapportés par Bougainville, un très beau *Turbinella pirum* L. sénestre (Chank), un *Helix nemoralis* L. sénestre, acheté, pour 24 livres, à la vente du Comte de La Tour d'Auvergne.

Lamarck (1744-1829), avant sa nomination de Professeur au Muséum, s'était occupé de conchyliologie et possédait déjà une fort belle collection de coquilles : il dit lui-même en 1801 qu'elle avait exigé près de trente années de recherches (1). En novembre 1796, il offrit inutilement au Gouvernement d'acquérir au prix de 33000 livres et de réunir ainsi au Cabinet national cette collection personnelle renfermant huit cents espèces que le Muséum ne possédait pas. Après la mort de Lamarck (1829), elle fut vendue au Prince Masséna (2) : les coquilles qui en faisaient partie, au nombre de 50000, passèrent en 1840 dans le Musée Conchyliologique de B. Delessert et, depuis 1869, les collections de celui-ci sont à Genève.

Tous ces conchyliologistes du XVIII° siècle, dont nous venons de rappeler les noms, avaient un livre de chevet, qu'ils employaient pour l'arrangement et la

(1) Dès 1788, Lacépède, dans son *Histoire naturelle des Quadrupèdes ovipares*, parle [à propos d'une tortue, la « bombée »] de la « collection de M. le Chevalier de la Marck ».

(2) Le Cabinet personnel de Lamarck contenait aussi une série de Zoophytes (comprenant notamment des Eponges ayant appartenu au Chevalier Turgot) qui furent donnés en 1781 par le Prince Masséna au Muséum de Paris, où sont également conservées un certain nombre de Coquilles Bivalves déterminées par Lamarck, celles pour lesquelles on trouve dans l'*Histoire naturelle des Animaux sans vertèbres* la mention « Mus. n° ».

nomenclature de leurs Cabinets : *L'histoire naturelle éclairée dans deux de ses parties principales : la Lithologie et la Conchyliologie,* par M***, Paris, 1" édition, 1742 ; 2" éd., 1757.

L'auteur, qui avait gardé l'anonymat, était Antoine-Joseph Désallier d'Argenville (1680-1765), Conseiller du Roi en ses Conseils, Maître ordinaire en sa Chambre des Comptes (1).

Cet ouvrage est accompagné d'un frontispice dessiné par François Boucher et de figures gravées sur cuivre aux frais de différentes personnes riches, dont le nom est au bas de chaque planche et parmi lesquelles on peut citer le Duc de Sully, le Duc de Chaulnes, le Président Bernard de Rieux, le Lieutenan-Colonel d'Azincourt, l'Abbé Joly de Fleury, le Chevalier de Jullienne, l'Abbé Arnault de Pomponne, etc. (2).

Une 3" édition incomplète de cet ouvrage a été publiée en 1780 sous le titre : *La Conchyliologie ou Histoire naturelle des Coquilles* par de Favanne de Montcervelle père (Jacq.) et fils (Guil.), Employés dans le port de Rochefort (3). Elle avait été annoncée (4) pour

(1) Denys de Montfort [1801. *Hist. nat. Moll.,* III, p. 174] nous dit avoir vu, dans la bibliothèque de Lamarck [vendue le 19 avril 1830], les volumes de cet ouvrage ayant fait partie de celle de d'Argenville et portant des notes manuscrites de l'auteur qui préparait lui-même une 3e édition quand la mort le surprit.

(2) Le livre de d'Argenville fut l'objet de diverses critiques de la part d'un auteur anonyme contemporain, dans une *Lettre d'un naturaliste de La Rochelle à un de ses amis à Beaucaire sur la Conchyliologie.*
Il est cité à plusieurs reprises dans les commentaires dont A.-G. Camus (1740-1804), Avocat au Parlement, qui devint Député à la Constituante et à la Convention, a enrichi sa traduction française (1783) de l'*Histoire des Animaux* d'Aristote.

(3) Jacques de Favanne avait hérité de son père, Grand-Veneur d'Angleterre sous le règne de Jacques II, un Cabinet qui fut augmenté considérablement par son fils Guillaume, demeurant rue des Cordiers, au coin de celle de Cluny, et qui contenait la collection la plus complète de Patelles connue à Paris.

(4) Le prix de souscription était fixé à 48 livres d'avance, avec un second versement de 24.

esptembre 1773 (1) et devait comprendre cinq volumes; mais il n'en a paru que deux; le tome III, imprimé jusqu'à la page 72, n'a jamais été mis dans le commerce (2).

D'autre part, on s'occupait déjà de rédiger, à l'usage des voyageurs, des instructions pratiques sur la récolte et l'expédition des animaux et des végétaux.

L'Académicien Henri-Louis Duhamel de Monceau (1700-1782), quai d'Anjou dans l'Isle, qui possédait un Cabinet renfermant notamment des madrépores de toute beauté (3) et des coquillages bien choisis, avait publié en 1753 un *Avis pour le transport par mer des arbres, plantes vivantes, semences, etc...*

Cet opuscule fut réimprimé en 1758 à la suite d'un *Mémoire instructif sur la manière de rassembler, de préparer, de conserver et d'envoyer les diverses curiosités d'histoire naturelle.*

L'auteur de ce véritable guide du parfait voyageur-naturaliste était resté anonyme : or il n'est autre que le Chevalier de Malte Etienne-François Turgot, Mar-

(1) Antérieurement, dans le volume VI du *Recueil des planches* de l'*Encyclopédie*, qui avait été entreprise vers 1749 par Diderot et où Daubenton s'était chargé d'écrire les articles d'histoire naturelle, avait paru en 1768 la partie relative aux coquilles, qui a été plusieurs fois l'objet des critiques des Favanne.

(2) Dans le Catalogue de vente des livres d'histoire naturelle composant la Bibliothèque de G.-P. Deshayes (J.-B. Baillière et fils, 1875), on trouve mentionné, sous le n° 1051, un recueil (sans titre, ni texte) in-4° de 80 planches peintes par *Favanne lui-même (Jac. de Favanne pinx.)*, superbe exemplaire relié en maroquin, à nerfs et à coins rouges, non rogné. Ce volume de dessins originaux fut acheté à cette vente [pour le prix de 75 fr.] par le Professeur Eug. Eudes-Deslongchamps, qui l'emporta à Caen, où il se trouve encore actuellement dans la Bibliothèque Deslongchamps (Lettre de M. A. Bigot, Doyen de la Faculté des Sciences, 25 octobre 1927).

M. Bigot a consacré à ce recueil de planches un très intéressant article dans le *Bull. de la Soc. des Antiquaires de Normandie* [t. XXXVIII, 1930].

(3) Cette collection était l'œuvre de son neveu A.-D. Fougeroux de Bondaroy, également Pensionnaire de l'Académie des Sciences.

quis de Cousmont (1721-1789), frère aîné de l'illustre
Ministre de Louis XVI (1). Brigadier des Armées du
Roi, il fut choisi en 1765 comme Gouverneur général
de la France équinoxiale, c'est-à-dire de la Guyane
française, mais il eut de vifs démélés avec M. de
Chanvallon, Intendant de la colonie, et il revint à
Paris au bout de quelques mois. Il passa le reste de
sa vie dans la retraite, en se vouant exclusivement aux
sciences : il avait été nommé Associé libre de l'Académie des Sciences en 1762 [1930, Lamy, *Bull. Muséum*,
2ᵉ s., II, p. 657.]

Il était possesseur d'un important Cabinet qui em-
brassait toutes les parties de l'histoire naturelle (Minéraux, Madrépores, Eponges, Insectes, Crustacés, Reptiles, Oiseaux). Les Coquillages n'y étaient pas oubliés
et étaient d'une parfaite conservation : les Favanne
[1780, *Conchyliologie*, I, p. 220] signalent notamment
la présence de beaux Cornets (*Conus*) et d'Huîtres épi-
neuses (*Spondylus*) très remarquables. A la vente de
cette collection, les Eponges qui en faisaient partie,
au nombre d'une vingtaine d'espèces, furent acquises
par Lamarck [1813, *Annales du Muséum*, XX, p. 433].

En 1763, un sieur Marvye publia à Paris un guide
analogue intitulé : *Méthode nécessaire aux marins et
aux voyageurs pour recueillir avec succès les curiosités de l'histoire naturelle, etc.*

Un Docteur-Régent de la Faculté de Médecine,
R.-J.-E. Mauduit de la Varenne, rue des Ecouffes, qui

(1) Ils étaient les 2ᵉ et 3ᵉ fils de Michel-Etienne Turgot (1690-1751),
qui fut Prévôt des Marchands sous Louis XIV et qui fit exécuter un
magnifique plan de Paris à vol d'oiseau, précieux à consulter, car on y
trouve la configuration non seulement des monuments, mais encore de
tous les couvents et hôtels de la capitale.

Quant au Ministre Turgot [Anne-Robert-Jacques] (1727-1781), ce fut
lui qui, sur l'avis de Jussieu et de Condorcet, désigna le naturaliste
Joseph Dombey (1742-1794) pour faire, de 1777 à 1785, un voyage
scientifique au Pérou et au Chili.

possédait une des plus riches collections d'Oiseaux connues, fit paraître, sur le même sujet, un article dans le Journal de physique et d'histoire naturelle de l'Abbé Rozier, sous ce titre : *Mémoire sur la manière de se procurer les différentes espèces d'animaux, etc.*

Des journaux s'étaient, en effet, fondés pour fournir régulièrement des informations aux curieux.

L'Abbé François Rozier (1734-1793), Chevalier de l'Eglise de Lyon (1), lequel possédait une belle collection de minéraux, avait repris en 1771 et poursuivit jusqu'en 1793 une publication mensuelle : *Observations sur la Physique, l'Histoire naturelle et les Arts,* dirigée primitivement, de 1752 à 1756, par J. Gauthier d'Agoty, puis continuée, de 1757 à 1767, par F.-V. Toussaint.

P.-J. Buc' hoz (1731-1801), Médecin de quartier de Monsieur [le Comte de Provence], rue de la Harpe, faisait paraître, de 1771 à 1783, tous les dix ou quinze jours, un périodique : *Journal* ou *Lettres sur les trois règnes de la nature* (2).

Tout un commerce s'était d'ailleurs créé pour répondre aux besoins entraînés par l'existence de ces nombreux Cabinets, notamment pour en faciliter l'accroissement et l'acquisition par les amateurs.

Un Peintre de l'Académie de Saint-Luc, M. Remy, demeurant « rue Poupée, seconde porte-cochère à

---

(1) Il devint plus tard Curé constitutionnel de cette ville, où il fut tué par une bombe pendant le siège de 1793 par les troupes de la Convention.

(2) En Allemagne, J.-S. Schröter publia à Weimar, de 1774 à 1780, les six volumes du plus ancien recueil conchyliologique : *Journal für die Lebhaber des Steinreichs und der Conchyliologie.*

gauche, en entrant par la rue Hautefeuille » (1), se chargeait ordinairement de la vente des Cabinets célèbres.

Il fut l'auteur des Catalogues de vente des collections de Mme du Bois Jourdain, de Désallier d'Argenville, de François Boucher et, en collaboration avec le sieur Helle (2), de celui du Cabinet du Marquis de Bonnac [1929, Lamy, *Journ. de Conchyl.*, LXXIII, p. 68].

C'est, en particulier, à lui que l'on devait s'adresser, en octobre 1767, pour l'acquisition en bloc d'un Cabinet fameux, celui de Don Pedro Davila. Cet amateur venu du Pérou à Paris, où il demeurait rue de Richelieu vis-à-vis la fontaine, possédait de riches collections (3) et les objets qui les composaient ont été énumérés dans un *Catalogue* en trois volumes, qui, en ce qui concerne les coquilles marines, fut, du moins en partie, l'œuvre d'un naturaliste, l'Abbé J.-P. de Gua de Malves (1712-1786), Pensionnaire de l'Académie des Sciences, tandis que le reste de ce qui est relatif à l'histoire naturelle fut rédigé par le célèbre minéralogiste J.-B.-L. Romé de l'Isle (1736-1790). Ce Cabinet fut vendu publiquement en 1768 et, après sa dispersion, Davila en fit un nouveau, que Charles III d'Espagne, petit-fils de Louis XIV, acheta, mais dont il lui confia la direction à Madrid.

Il faut rappeler encore que le célèbre marchand de tableaux de l'époque de la Régence, E.-F. Gersaint, vendait aussi beaucoup de curiosités d'histoire natu-

(1) La rue Poupée allait de la place Saint-André-des-Arts à la rue de la Harpe et la maison habitée par Remy devait se trouver approximativement sur l'emplacement de celle occupée actuellement par le marchand-naturaliste Boubée.

(2) P.-C.-A. Helle a publié, de son côté, en 1763, le Catalogue de la vente du Cabinet de M. Gallois.

(3) Il avait réuni notamment une série très intéressante d'Eponges et d'Alcyons, sur lesquels il projetait de composer un petit Traité.

relle. Il demeurait sur le Pont Notre-Dame et on sait que l'enseigne qui figura longtemps au-dessus de la porte de son magasin était le dernier ouvrage important de son ami Antoine Watteau (1684-1721) : cette toile, qui fut peinte au début de 1721 et qui passa d'abord dans le Cabinet du Chevalier de Jullienne, est allée échouer, coupée en deux, dans les collections du Roi de Prusse, puis au Musée de Berlin.

Gersaint, dans un Catalogue de vente publiée en 1736 (1), nous apprend qu'il était retourné effectuer en Hollande un 3ᵉ voyage pour y choisir tout ce qu'il pourrait trouver de beau et de rare en coquillages et qu'il avait réuni une collection assez parfaite dans l'intention de faire une vente publique comme celles qui avaient lieu aux Pays-Bas.

Outre cet opuscule, on a, sous le nom de Gersaint, plusieurs Catalogues de différentes collections considérables, celles de Bonnier de la Mosson (1744), de Quentin de l'Orangère (même année), du Chevalier de la Roque (1745) (2).

Un sieur Dumez, marchand naturaliste, était également renommé à Paris pour connaître la valeur intrinsèque des coquilles et un autre commerçant d'objets d'histoire naturelle, nommé Charras, est cité par Bruguière.

A la fin du xviiiᵉ siècle, la prospérité de ce négoce était devenue telle que Denys de Montfort écrivait en 1810 [*Conchyl. systém.*, t. II, p. 36] : « Il y a maintenant dix ans, on était réellement passionné pour les coquilles : plus de six cents marchands trouvaient

(1) Ce Catalogue est accompagné d'une gravure qui est peut-être de François Boucher.

(2) Il est également l'auteur d'un Catalogue d'une collection de coquilles dont la vente eut lieu à Paris en 1749.

une haute existence dans le commerce qu'ils en faisaient. »

On connaissait, du reste, déjà l'art de « truquer »
les coquilles. Une supercherie, qui se pratiquait à La
Rochelle, consistait à donner une brillante couleur
dorée à des Patelles des îles Malouines (*Patella deau-
rata* Gmel.), d'un rouge brun, en les mettant sous des
cendres chaudes ou dans un poêle modérément
chauffé : vers 1767, il arriva à Paris une grande quantité de ces coquilles ainsi altérées, qui furent payées
très cher par divers curieux, persuadés qu'il s'agissait
d'une nouvelle espèce [1780, Favanne, *Conchyliologie*,
I, p. 497].

Les marchands vendaient également, comme une
pièce fort rare et à un prix très haut, sous le nom de
« Marron rôti », une simple variété accidentelle du
Vignot ou Bigorneau commun (*Littorina littorea* L.),
d'une couleur rousse ou fauve, avec lignes longitudi-
nales d'un brun plus foncé [*ibid.*, II, p. 143].

Pour tromper les amateurs, on fabriquait des *Car-
dium* (*C. costatum* L.) ou des *Pecten* exactement
bivalves, en travaillant, pour les faire joindre et les
apparier, des valves ramassées pêle-mêle sur le rivage
et appartenant à deux individus différents [1784,
Favanne, *Catal. La Tour d'Auvergne*, pp. 331 et 365].

Au cours de ces notes, on a pu voir combien au
XVIII siècle,

....siècle à l'humeur badine
Siècle tout couvert d'amidon (1),

(1) Alfred de Musset. — Dans ses *Etudes progressives d'un Naturaliste*
(1835), E. Geoffroy Saint-Hilaire, dit qu'il se proposait de fêter le bi-
centenaire de la fondation du Jardin du Roi (1635) en invitant les
naturalistes à se réunir dans un banquet, où un jeune poète de ses
amis, A. de Musset, aurait célébré les noms des bienfaiteurs du Muséum.

fut prodigieux le développement que prit dans les
classes les plus élevées et les plus intelligentes le goût
des collections scientifiques. Il y a eu là certainement
un véritable engouement, une question de mode. Mais
il faut reconnaître que ces grands seigneurs collectionneurs, ces conservateurs de la nature sous vitrines,
comme on les a désignés dédaigneusement, n'en furent
pas moins des amis de la science qui lui ont rendu un
éminent service ; ils en ont entretenu le culte au
milieu des profanes et, la faisant sortir des bornes
étroites des milieux purement scientifiques, attirèrent
sur elle l'attention de la haute société.

N'oublions pas que, si, de 1761 à 1768, le régiment
de Beaujolais a compté dans ses rangs un officier qui
herborisait avec ardeur dans ses garnisons de Provence et qui se nommait le Chevalier de Lamarck, en
1788 le Marquis d'Héricy, qui possédait dans son
château de Caen, un jardin et une serre riches en
raretés botaniques, avait choisi, pour précepteur de
son petit-fils, un jeune homme qui s'appelait Georges
Cuvier (1).

(1) Cuvier [1858, *Lettres à C.-M. Pfaff*, pp. 172 et 177] avait trouvé à
Caen, en 1790, un Cabinet d'histoire naturelle qui renfermait une très
importante collection où se trouvaient même les coquilles les plus
chères : bien qu'il ne put y aller que deux fois par semaine, il mettait
à profit cette excellente occasion pour s'adonner à l'étude de la conchyliologie. En fait de livres, il n'avait que deux ouvrages : la *Conchyliologie* de d'Argenville, qu'il qualifie de « *nitidissimum* », trouvant « les
planches exécutées de main de maître », mais « le texte on ne peut
plus médiocre et confus », et le *Dictionnaire* de Favart d'Herbigny,
« misérable compilation en soi, mais précieuse en ce qu'elle contient
presque entièrement les ouvrages d'Adanson et de Geoffroy ».

Le Cabinet d'Histoire Naturelle

au Jardin Royal des Plantes à Paris

(1635-1793) [1]

Dans l'édit de Louis XIII instituant en mai 1635 le Jardin Royal des plantes médicinales, dont Guy de la Brosse (1586 [?]-1641) fut nommé Intendant (2), il est dit que celui-ci aura la régie d'un Cabinet où il sera « gardé un échantillon de toutes les drogues, tant simples que composées, ensemble toutes choses rares en la nature qui se rencontreront ».

Sébastien Vaillant (1669-1722), d'abord Secrétaire de la surintendance, puis plus tard Directeur des cultures du Jardin du Roi, enfin Professeur de botanique, fut préposé, en 1708, par le Surintendant Guy Fagon (1638-1718), dont la mère était sœur de Guy de la Brosse, à l'emploi de Sous-Démonstrateur, chargé

(1) Les principales publications d'après lesquelles a été rédigé ce résumé, sont les six *Notices historiques sur le Muséum* de A.-L. de Jussieu [*Annales du Muséum*, I, II, III, IV, VI, XI, 1802-1808] et *Les Derniers jours du Jardin du Roi* de E.-T. Hamy [*Centenaire de la fondation du Muséum*, 1893].

(2) L'Intendant était placé sous l'autorité d'un Surintendant, qui était le Premier Médecin du Roi.

d'acquérir beaucoup d'objets nouveaux pour le Droguier, qui fut confié à ses soins et qu'il mit en ordre pour l'instruction des élèves. Il avait, en 1715, comme gages annuels 400 livres, avec le titre de « garde du Cabinet des drogues et garçon du laboratoire du Jardin Royal des plantes » (1).

En 1715, à la mort de Louis XIV, le Droguier commençait à prendre forme de Cabinet et, en mai 1717, Vaillant en fit les honneurs au czar Pierre-le-Grand. Il mourut en 1722, laissant une collection d'histoire naturelle et un herbier qui furent achetés à sa veuve par le Roi et joints au Droguier.

Vaillant fut remplacé par Bernard de Jussieu (1699-1777), qui, lui succédant dans ses différentes fonctions, fut chargé notamment de diriger les cultures du Jardin et de faire les herborisations à la campagne. De plus, en sa qualité de Sous-Démonstrateur et sans sortir jamais de ce poste modeste, il eut la garde du Droguier, qu'il enrichit de plusieurs acquisitions précieuses et qui, ayant pris une extension considérable, reçut la dénomination de Cabinet d'histoire naturelle, comme on le voit dans le texte du règlement de 1729.

Cependant Pierre de Chirac (1650-1732), Premier Médecin du Roi, nommé Surintendant en 1718, plaça au Jardin, avec le titre d'inspecteur, un artisan nommé Jean Lingée et voulut que tout passât soit par ses mains, soit par celles de cet agent, qui troubla plusieurs fois les professeurs dans l'exercice de leur charge : B. de Jussieu, qui eut avec ce surveillant des démêlés parfois violents, se vit même retirer la garde du Cabinet.

Chirac la confia d'abord à un chirurgien Demours,

(1) En 1709, une seconde place de garçon de laboratoire fut occupée par un sieur Beaupré.

qui devint plus tard un célèbre oculiste, ensuite au médecin Noguez, qui abandonna bientôt cette fonction en allant voyager dans les pays étrangers et se retira finalement en province.

Charles-François de Ci ternai du Fay (1698-1739), Capitaine au régiment de Picardie, nommé Intendant en 1732, rendit, dès cette année, à Bernard de Jussieu la garde du Cabinet d'histoire naturelle, qui était devenue vacante par l'absence de Noguez et à laquelle restaient attachés des appointements de 400 livres.

Grâce aux soins de du Fay, le Cabinet s'accrut et s'embellit : par son testament, il lui légua même sa collection de pierres précieuses.

Le Comte de Maurepas (1701-1781), Ministre de la Maison du Roi, et le Contrôleur général des Finances avaient d'ailleurs donné les ordres nécessaires pour faire venir des Indes tant Orientales qu'Occidentales toutes les curiosités pouvant enrichir le Cabinet.

En 1739 Georges-Louis Leclerc de Buffon (1707-1788) fut nommé Intendant du Jardin à l'âge de 32 ans.

Il porta toute son attention à l'augmentation du Cabinet et à l'agrandissement du local destiné à renfermer les collections.

Lorsqu'en 1635 avait été organisé le Jardin des plantes médicinales, il avait été établi sur des terrains achetés en 1633 aux enfants et héritiers d'un ancien greffier criminel au Parlement de Paris, nommé Daniel Voisin. L'hôtel de celui-ci et quelques annexes furent aménagés pour loger tout à la fois le personnel et les services. C'était alors une sorte de petit château flanqué d'une chapelle dans laquelle en 1641 fut inhumé Guy de la Brosse : cet édifice correspondait à

la partie centrale du bâtiment des anciennes galeries
actuelles. Au premier étage, l'on trouvait, à droite, le
logement de l'Intendant et, à gauche, deux grandes
salles renfermant les richesses qui étaient contenues
dans le Cabinet du Roi et que le public fut bientôt
admis à visiter à des jours déterminés.

Désallier d'Argenville a décrit ce Cabinet, tel qu'il
était en 1742 [*Conchyliologie*, I, p. 198]. La galerie
d'histoire naturelle était précédée d'une bibliothèque,
contenant notamment soixante volumes de plantes et
d'animaux peints en miniature sur vélin, ainsi que
les herbiers composés de 14000 plantes desséchées
recueillies par Tournefort et Vaillant. La galerie elle-
même avait le pourtour de ses murs garni de belles
armoires qui étaient fermées par des glaces et dont le
bas était occupé par des studioles ayant cinq rangs
de tiroirs : il y avait deux armoires accompagnant
la porte d'entrée et six autres dans les trumeaux
des croisées, tandis qu'à droite se trouvaient neuf
armoires à neuf rangs de gradins chacune; enfin, au
plafond étaient attachés une multitude d'objets, armes
de sauvages, fruits, animaux en peau, squelettes. Cette
disposition exista jusqu'en 1767.

B. de Jussieu donnait encore ses soins au Cabinet
dans les premiers temps de l'administration de Buffon,
mais, détourné de plus en plus par d'autres occupations, direction des travaux intérieurs du Jardin (1),
classement des plantes dans l'Ecole de Botanique, et

(1) La légende qui veut que Bernard de Jussieu ait rapporté d'Angleterre, en 1734, le cèdre du Jardin des Plantes dans son chapeau, a été
mise au point par Adrien de Jussieu : son grand-oncle habitait alors
rue des Bernardins, près du Marché-aux-Veaux, et c'est seulement dans
le court trajet qui séparait sa demeure du Jardin du Roi que, le pot
qui contenait la plante, et qui était fêlé, s'étant divisé en plusieurs
morceaux, il fallut recevoir le cèdre dans ce fameux chapeau, où il n'a
séjourné que dix minutes [1865, F. Roulin, *Hist. Nat. et Souvenirs de
Voyage*, p. 260].

obligé d'aller résider à Versailles pour organiser les jardins de Trianon, il sentit le besoin d'être remplacé au Cabinet dont l'agrandissement commençait à exiger la présence habituelle du fonctionnaire préposé à sa garde et à l'arrangement de ses diverses parties.

Louis-Jean-Marie Daubenton (1716-1799), appelé vers 1742 de Montbard à Paris par son compatriote Buffon, s'était fait connaître à l'Académie des Sciences en 1743 par un Mémoire sur une disposition méthodique des coquillages et il avait été admis, l'année suivante, dans ce corps savant, auquel il communiqua ensuite d'autres observations sur les animaux et sur l'anatomie comparée. Buffon lui fit conférer par brevet, en 1745, la place de Garde et Démonstrateur du Cabinet d'histoire naturelle, avec un logement dans le Jardin et des appointements qui, de 500 livres, furent bientôt portés à 4000.

Une critique fort vive de l'organisation du Cabinet à cette époque a été faite par l'Abbé J.-A. Lelarge de Lignac, auteur d'un Mémoire sur les Araignées aquatiques (1749) : il reproche [1751, *Lettres à un Amériquain*, 10e lettre, p. 26] à Daubenton d'avoir sacrifié l'ordre méthodique à un bel arrangement symétrique qui flattait les yeux, comme si les collections n'avaient été faites que pour les curieux de l'un ou l'autre sexe, et il oppose au Cabinet du Roi celui de Réaumur, renommé pour *la méthode et l'ordre* qui y régnaient (1).

(1) Faut-il voir là un écho du vieil antagonisme, plus ou moins conscient, existant entre « amateurs » et « officiels » ? Réaumur, qui n'occupa jamais aucun emploi, était très lié avec l'Abbé de Lignac et fut, avec raison, soupçonné d'avoir contribué à la publication des lettres critiques de celui-ci.

Cette imputation se trouve corroborée par le fait suivant : à propos d'un mémoire qu'il avait présenté en 1746 à l'Académie des Sciences sur les « moyens d'empêcher l'évaporation des liqueurs spiritueuses » dans les bocaux de collections, et qui ne parut imprimé qu'en 1751, Réaumur

D'ailleurs, en 1749, dans une lettre au naturaliste J.-Fr. Séguier, qui résidait alors à Vérone auprès du Marquis Maffei [voir plus haut, p. 13], Réaumur lui-même dit que le Cabinet du Roi, s'il se montrait riche en plantes, pierres précieuses et coquilles, ne l'était pas en insectes, mines et surtout oiseaux.

Cependant les ouvrages de Buffon, enrichis des descriptions anatomiques de Daubenton, avaient répandu en Europe, et surtout dans la France entière, le goût de l'histoire naturelle : parmi les gens de monde et les grands personnages qui se prirent de passion pour les sciences, plusieurs s'empressèrent de transmettre tous les objets intéressants à l'historien de la nature et celui-ci les plaçait dans le Cabinet.

Il y eut également des acquisitions ordonnées par le gouvernement. Le Roi fit remettre, en 1758, à Buffon, les collections laissées par Réaumur et il acheta, vers 1760, celles rapportées du Sénégal par Adanson [voir plus haut, p. 26].

Les deux salles du Cabinet furent bientôt insuffisantes pour contenir ces nombreuses additions et une augmentation de local devint indispensable (1).

[1751, *Hist. Acad. Sc.*, année 1746, p. 517] se plaint formellement de ce que Daubenton s'était permis de publier, par anticipation, en 1749, dans le tome III (p. 181) de l'*Histoire Naturelle* de Buffon, un extrait de ce travail inédit.

Ce n'avait pas été sans quelque amertume que Réaumur, jusqu'alors le chef incontesté des naturalistes, mais savant sans éloquence, s'était vu éclipsé par Buffon, fonctionnaire Royal, dont les conceptions hardies excitaient l'enthousiasme du public, et le desaccord des deux rivaux paraît s'être manifesté aussi lors des découvertes de Peyssonnel et de Trembley sur la véritable nature du Corail et des Polypes [1864, Lacaze-Duthiers, *Hist. nat. du Corail*, p. 17].

(1) Daubenton a donné en 1749 [*in* Buffon, *Hist. Nat.*, III, p. 13] la description de la partie du Cabinet qui avait rapport à l'histoire naturelle de l'Homme, mais n'a d'ailleurs pas indiqué la répartition des objets dans les différentes salles, en raison des déplacements rendus sans cesse obligatoires par l'intercalation de nouvelles acquisitions. Cette description est précédée de quelques observations sur les Cabinets en général et sur les moyens de conserver et d'exposer les collections.

Réaumur, de son côté, dans une série de Mémoires, restés manuscrits,

Buffon, qui avait déjà, une première fois, cédé une
partie de son logement, sacrifia au Cabinet les pièces
qui lui restaient. Il transporta son domicile hors de
l'établissement, d'abord en 1766 au bas de la rue des
Fossés-Saint-Victor [actuellement rue du Cardinal-
Lemoine] (au n° 13), plus tard en 1772 dans la maison dite actuellement « de Buffon », qui prit le nom
de pavillon de l'Intendance et dont le rez-de-chaussée
et le premier furent aménagés pour le logement de
l'Intendant, tandis que les étages supérieurs étaient
utilisés soit comme magasins, soit comme labora-
toires.

Le local agrandi, occupé par le Cabinet, comprit
alors, au premier étage, quatre grandes salles en
enfilade, et la description détaillée en a été donnée
en 1780 par Favanne père et fils [*Conchyliologie*, I,
p. 199]. La 1re salle, consacrée à la botanique, renfermait, avec le droguier, les herbiers et les produits
végétaux. La 2e était occupée par les minéraux et les
fossiles. Les deux autres étaient réservées au règne
animal : la 3e salle était remplie par les insectes, les
oiseaux (1), une collection d'œufs, les coquilles
bivalves, multivalves et univalves, soit de mer, soit
d'eau douce ou terrestres. La 4e et dernière était
destinée aux poissons, cétacés, quadrupèdes, reptiles,
amphibies, crustacés, zoophytes. Ces salles furent
ouvertes au public trois jours de la semaine (2) et les
élèves eurent aussi des heures réservées pour l'étude.

sur les Cabinets d'histoire naturelle, avait rédigé un véritable guide où
il expliquait la manière de constituer les collections [1920, M. Caullery,
Introduct. t. VII Mémoires de Réaumur, p. 24].

(1) Buffon se flattait d'avoir réussi à rendre la partie du Cabinet
réservée aux oiseaux plus nombreuse et plus complète qu'aucune collection du même genre qui fût en Europe : mais c'était surtout parce
qu'il avait reçu du Roi en 1758 celle très importante de Réaumur.

(2) Vers 1755, on y recevait déjà 1200 ou 1500 personnes toutes les
semaines.

Daubenton dirigea le Cabinet pendant cinquante ans, avec le titre de Garde et Démonstrateur, qu'il conserva depuis 1745 jusqu'en 1794 à la nouvelle organisation de l'établissement, où il fut nommé Professeur de minéralogie. En raison de l'étendue prise par la collection, ses occupations avaient augmenté de plus en plus. Il s'enfermait des journées entières dans le Cabinet pour classer méthodiquement tous ces matériaux dont l'étude était devenue pour lui comme une sorte de passion. De plus, il était présent pendant toutes les heures d'ouverture publique : il se chargeait de répondre aux diverses questions et de donner tous les éclaircissements qui lui étaient demandés. Il était même obligé de consacrer, en outre, beaucoup de séances pour des sociétés particulières, surtout pour des étrangers attirés par le désir de voir des objets nouveaux et de s'instruire en conversant avec le savant naturaliste.

Cependant il faut avouer que, profond en anatomie comparée, il n'avait, pour le reste, que des connaissances restreintes, notamment sur les auteurs récents : la preuve, c'est qu'il classait et nommait les coquilles (1) d'après Lister (2). Nous trouvons cette critique formulée dans une lettre écrite en 1790 par Cuvier [1858, *Lettres à C.-M. Pfaff*, p. 144], qui avait passé quatre jours à Paris en 1788 : il convient d'ailleurs que l'exiguité du local nuisait aussi à

---

(1) Il semble probable que c'est lui qui est visé dans une phrase où de Favanne fils [1784, *Catal. La Tour d'Auvergne*, p. 240] parle du Garde d'un « Cabinet public » renfermant une foule de coquilles aussi mal désignées que classées.

(2) Martin Lister (1638-1712) : *Historia sive Synopsis methodica Conchyliorum*, 1685-1692 [edit. altera, publiée par G. Huddesford, 1770].

Ce naturaliste Anglais, qui devint Médecin de la Reine Anne, avait accompagné à Paris en 1698 l'Ambassadeur Comte de Portland et s'était fait un plaisir de visiter le Jardin du Roi.

l'ordre du Cabinet (1) et il reconnaît que la collection
de coquilles qui s'y trouvait était une des plus belles
du monde (2).

On sentit bientôt la nécessité de donner à Daubenton un adjoint qui, sous le titre de Garde et Sous-Démonstrateur, le seconderait dans tous ses travaux.
Buffon obtint du ministre en 1767 la création de cette
nouvelle place qu'il fit donner à Daubenton le jeune
[Edme-Louis] (1732-1785), cousin-germain et beau-frère du premier titulaire, avec des appointements
de 2400 livres et un logement au-dessus des salles
du Cabinet. Mais, vers la fin de 1784, cet auxiliaire,
dont la santé était altérée, demanda à cesser ses
fonctions : il obtint sa retraite avec conservation
d'une partie de ses émoluments et il alla se fixer à
Saint-Aubin, près Fontainebleau, où il mourut dans
les premiers mois de l'année suivante.

Le Comte Bernard-Germain-Etienne de Laville de
Lacépède (1756-1825) obtint la place vacante et fut
nommé, par brevet du Roi du 1er janvier 1785, Garde
en second et Sous-Démonstrateur. Il eut d'abord le
domicile de son prédécesseur, au-dessus du Cabinet,
mais il passa bientôt, avec Daubenton, dans un autre
logis.

En effet, le 18 juin 1787, avait été acheté aux administrateurs des voitures publiques l'hôtel de Magny

(1) On eut, à cette époque, le projet, pour pouvoir agrandir le Cabinet
du Roi, de le transporter dans la galerie du Louvre.
(2) Comme coquilles rares existant au Cabinet du Roi, de Favanne fils
[1784, *Catal. La Tour d'Auvergne*, pp. 45, 117, 140, 222] signale une
Patelle appelée « la Raquette » (*Patella cochlear* Born), deux *Conus
cedo-nulli* Hw., en assez mauvais état de conservation, dont l'un a été
gravé dans l'*Encyclopédie* de Diderot [1768, Recueil de planches, t. VI,
pl. LXIX, fig. 10], un « Buccin crénelé » ou « Couronne mexicaine »
(*Melongena corona* Gmel.), une Pourpre dite « la Queue du Cerf-Volant » ou « la Lamproie » (*Murex clavus* Kar.).

(anciennement hôtel de M. de Vauvray), qui était placé entre la petite butte, ou labyrinthe, et la rue de Seine (devenue aujourd'hui la rue Cuvier) et qu'habitait alors M. Verdier, avocat au Parlement, tenancier d'une pension de jeunes gens : c'est actuellement le pavillon de l'administration (1). Buffon y fit transporter le logement de Daubenton et celui de Lacépède, qui occupaient jusque-là le second étage du Cabinet (2).

On forma, dans le local abandonné, de grandes salles, au moyen de la démolition de tous lès compartiments intérieurs, on supprima les mansardes en leur substituant des fenêtres régulières, et, de plus, Buffon, désirant toujours agrandir ce Cabinet qu'il affectionnait comme son ouvrage, obtint du ministre que d'anciennes constructions irrégulières, qui faisaient suite aux salles d'histoire naturelle, fussent transformées en un édifice neuf, dont chacun des deux étages contiendrait une grande salle de cinq croisées de face, de plein pied avec celles du bâtiment principal.

A mesure que le local devenait plus étendu, les collections continuaient à s'accroître par les dons des particuliers, des sociétés savantes et même des souverains étrangers. Le Comte d'Angiviller offrit son Cabinet personnel. L'Académie des Sciences céda en 1788 la collection ostéologique de F.-J. Hunauld (1701-1742), Professeur d'anatomie au Jardin des

(1) Verdier, qui prétendait avoir obtenu une location à vie, se jugea spolié et entama un procès qui traîna en longueur : sa plainte, renouvelée en 1793, aurait contribué à l'arrestation et à la condamnation à mort du fils de Buffon, lequel fut exécuté en juillet 1793.

(2) Lacépède demeurait avec la famille du Secrétaire et Bibliothécaire du Jardin des Plantes, Gauthier, chez qui il prenait pension et dont il devait en 1794 épouser la veuve.

Plantes (1). Le Roi de Pologne Stanislas et surtout l'Impératice de Russie Catherine II adressèrent à Buffon de nombreux et importants objets d'histoire naturelle : coquillages, minéraux, pierres précieuses, plantes et même animaux vivants ou disséqués, provenant de toutes les parties du globe (2).

Les visites princières étaient d'ailleurs fréquentes au Jardin des Plantes.

Le fils de Catherine II, Grand-Duc héritier de Russie, plus tard Paul Ier, se trouvant à Paris en 1782 sous le nom de Comte du Nord, vint au Cabinet du Roi et y assista à des expériences sous la direction de Daubenton.

Un frère de Frédéric II, le Prince Henri de Prusse, qui résidait au château de Rheinsberg (Brandebourg), était aussi en relations suivies avec Buffon : il fit un séjour à Paris en 1784, puis de nouveau en 1788.

Un jeune frère de la Reine Marie-Antoinette, le Duc Maximilien d'Autriche, qui, sous l'appellation de Comte de Burgau, passa en 1775 trois semaines à Paris, justifia son surnom « l'archibête » en répondant à Buffon, qui lui offrait un exemplaire de ses œuvres complètes, cette balourdise : « Oh ! je serais bien fâché de vous en priver ».

(1) Cette collection vint rejoindre celle de son prédécesseur G.-J. Duverney (1648-1730), déjà placée au Jardin du Roi, dans une salle où l'Académie des Sciences avait mis en dépôt depuis longtemps des squelettes d'animaux rares provenant de la Ménagerie de Versailles [1907, E.-T. Hamy, *Bull. Muséum*, XIII, p. 103].

Duverney avait, dans des ouvrages restés manuscrits, travaillé avec un soin particulier à l'étude de l'organisation des animaux des coquillages [1757, Adanson, *Hist. Nat. Sénégal*, p. XLV] et il passait des nuits entières couché par terre dans les endroits les plus humides du Jardin pour observer les mœurs des Escargots [1732, Fontenelle, *Hist. Acad. Sc.*, année 1730, p. 129].

(2) Une variété blanche de Caille fut envoyée à Buffon par Louis XV, qui l'avait tuée à la chasse.

Le Duc de Bouillon offrit au Cabinet du Roi la dépouille d'un Atèle coaita, qu'il avait conservé quelque temps vivant dans son hôtel.

Dans les derniers mois de 1791, Marie-Antoinette, ayant avec elle son fils et sa fille, fit une visite au Cabinet d'histoire naturelle : en l'absence de Daubenton malade, elle fut reçue par Lacépède qui venait de refuser, quelques jours auparavant, la fonction de Gouverneur du Dauphin et avec lequel elle s'entretint pendant près d'une heure [1826, G.-T. Villenave, *Eloge historique de Lacépède*, p. 33].

Ce Cabinet, ainsi refait trois fois à grands frais, fut cependant loin de recueillir une approbation unanime.

En 1790, Balthazar-Georges Sage, Membre de l'Académie des Sciences et Directeur de l'Ecole Royale des Mines, accumule les critiques les plus acerbes sur le Cabinet : « il est éclairé d'un seul côté, le jour y est faux, les armoires sont trop profondes et trop élevées; de plus, le faubourg Saint-Victor, où est situé le Jardin Royal des Plantes, est excentrique pour Paris et ce quartier n'a été fréquenté que dans le temps où la Reine Blanche habitait le faubourg Saint-Marceau ».

La même année, l'Abbé Jean-Jacques Garnier, Professeur d'histoire au Collège de France, insiste, lui aussi, sur ce que « le Jardin du Roi est situé dans un des faubourgs le plus éloigné et le plus inhabité : les rues pour y aborder sont impraticables pour les gens de pied pendant une partie de l'hiver, sont incommodes pendant les chaleurs de l'été, et dans toutes les saisons il faut compter une heure de chemin pour s'y rendre et autant pour en revenir » (1).

(1) Ceci a été écrit en 1790 : or, en 1936, l'Assemblée des Professeurs du Muséum a dû encore émettre le vœu que la Société des transports en commun consente à assurer les relations entre le Jardin des Plantes et le quartier universitaire (Collège de France, etc.).

Enfin Lamarck, dans un *Mémoire,* publié probablement aussi en 1790, sur les Cabinets d'histoire naturelle et particulièrement sur celui du Jardin des Plantes, formule également de graves reproches contre le Cabinet du Roi. Il rappelle que tous les individus qui en composaient la riche collection y étaient distingués par règnes, dans des salles particulières, de manière que la 1re salle en entrant comprenait ce qui appartenait au règne végétal, la 2e renfermait les minéraux, la 3e et la 4e contenaient tout ce qui faisait partie du règne animal; mais il se plaint de ce que, dans chaque règne, les êtres n'étaient pas classés systématiquement (1) et étaient souvent dénommés empiriquement ou désignés vaguement sous des appellations françaises vulgaires, au lieu d'être déterminés sous les vrais noms génériques et spécifiques adoptés par les naturalistes. De plus, les objets étant tous enfermés dans des armoires vitrées, que l'on n'ouvrait point au public, ne pouvaient être examinés, ni étudiés par ceux qui travaillaient sur l'histoire naturelle. Aussi, d'après Lamarck, ce Cabinet n'était-il visité deux fois chaque semaine (2) que par des promeneurs et des gens désœuvrés qui y cherchaient seulement de l'amusement et de la dissipation contre l'ennui, tandis que les naturalistes, rebutés par des difficultés sans nombre, n'y venaient presque jamais.

Buffon avait projeté l'addition de nouvelles salles au Cabinet pour y placer les objets qui lui arrivaient

---

(1) Comme le dit Deleuze [1823, *Hist. et Descr. Muséum,* I, p. 51], Buffon n'aimait point à s'occuper de classification : il voulait simplement que le Cabinet eût de l'éclat et excitât la curiosité.

(2) En 1787, il était ouvert les mardis et jeudis après midi, depuis la St Martin jusqu'à la St Louis.

de toutes parts. Il avait, en effet, obtenu du gouvernement qu'un certain nombre de naturalistes fussent envoyés sur les points les plus reculés du globe pour y recueillir des matériaux destinés à accroître et à compléter ses collections. Le Jardin du Roi s'enrichit ainsi de pièces précieuses envoyées par Pierre Poivre (1719-1786), qui administra pendant six ans, de 1767 à 1773, les Iles de France et de Bourbon. Il reçut également toutes les productions recueillies par Philibert Commerson (1727-1773), qui avait accompagné Bougainville en 1766 et 1767 dans son voyage autour du monde. A ces collections vinrent s'ajouter celles que Pierre Sonnerat (1745-1814), parent de P. Poivre, avait rassemblées dans l'Inde, de 1774 à 1778, et celles que Joseph Dombey (1742-1794). médecin et botaniste, envoyé par le Ministre Turgot au Pérou et au Chili en 1777, avait rapportées de son voyage après huit années d'absence. Un médecin de Cayenne, M. de la Borde, était également un des plus zélés correspondants du Cabinet du Roi (1).

Cet accroissement de richesses ne pouvait avoir lieu qu'au moyen d'une correspondance étendue et active, qui, roulant presque entièrement sur des sujets scientifiques, n'était pas du ressort d'un simple secrétaire. En même temps qu'il avait besoin d'être aidé dans ce travail par un savant, Buffon prévit que l'augmentation de la collection générale et la nécessité de la disposer dans les nouvelles salles exigeraient le secours d'un naturaliste pour seconder les gardes dans leur fonction. Barthélémy Faujas de Saint-Fond (1750-1819), déjà connu par des ouvrages sur la géologie et la minéralogie, lui parut pouvoir

(1) Des brevets de « Correspondant du Cabinet du Roi » récompensaient les intendants et fonctionnaires qui collectionnaient pour Buffon dans les colonies.

remplir ce nouveau poste et il fut attaché en 1787 à
l'établissement sous le titre d'Adjoint à la garde du
Cabinet et chargé de la correspondance.

Dans la même année (1787), Buffon, qui ne négli-
geait aucun moyen d'amélioration pour le Cabinet,
crut devoir y admettre définitivement deux artistes,
Fattory et Fiquet, dont l'emploi, depuis un certain
temps, consistait à préparer les animaux qui faisaient partie des collections. On fut même, quelques
années après, dans l'obligation d'augmenter le
nombre des préposés à ce genre de travail.

La qualité de Trésorier de l'Académie des Sciences
donnait à Buffon autorité sur les employés de cette
compagnie. Il distingua, parmi eux, François Lucas,
qui, avec la qualité d'huissier, veillait aux détails du
service dans la salle d'assemblée et il lui donna un
emploi semblable, mais sans titre, dans le Cabinet
d'histoire naturelle. Lors du décès de cet agent, son
fils Jean-François, né dans l'établissement en 1747,
remplit à l'Académie et au Jardin les mêmes fonctions
que lui et, en récompense de son zèle, obtint en 1787
le titre d'huissier du Cabinet (1), où la régularité du
service se trouva ainsi assurée.

Les moyens de maintenir l'ordre et la tranquillité
dans tous les lieux de l'établissement où le public
était admis ne furent point négligés. Depuis longtemps un inspecteur de police, Guillotte, était chargé
de cette surveillance : il avait, sous ses ordres, des
fonctionnaires choisis par lui, qui parcouraient habi-
tuellement le Jardin ou se tenaient dans l'Amphi-
théâtre et dans l'Ecole aux heures des leçons, dans
le Cabinet aux jours d'ouverture. Deux de ses fils

(1) C'est chez cet ancien huissier de l'Académie des Sciences que
Lavoisier s'était d'abord caché en 1793, avant de se livrer quand il eut
appris l'arrestation de son beau-père, le Fermier général Paulze.

lui succédèrent dans cet emploi : l'aîné l'exerçait en 1788, année où mourut Buffon.

En 1771, pendant une grave maladie de Buffon, Charles-Claude de Flahaut de la Billarderie, Comte d'Angiviller (1730-1810), d'une ancienne famille de Picardie, s'était fait attribuer la survivance de la place d'Intendant (1). Directeur général des bâtiments du Roi en 1774 (2), Membre de l'Académie des Sciences, il s'était constitué à grands frais une riche collection de minéralogie et la donna en 1780 au Cabinet du Roi.

A la mort de Buffon (1788), il obtint la substitution de cette survivance en faveur de son frère aîné, Auguste-Charles-César de Flahaut, Marquis de la Billarderie (1724-1793), Maréchal de camp, qui fut nommé, le 18 avril 1788, aux fonctions d'Intendant du Jardin Royal des Plantes et des Cabinets d'histoire naturelle, aux appointements de 12000 livres, se décomposant en un traitement de 6000 livres et un supplément d'honoraires égal sur le Trésor Royal.

Devenu le successeur de Buffon, bien qu'il fût absolument étranger aux sciences naturelles, le Marquis

(1) En 1744, dans un mémoire sur le platine [*Hist. Nat.*, *Minéraux*, Suppl., t. I, p. 302], Buffon, citant M. d'Angiviller, « Intendant en *survivance* du Jardin et du Cabinet du Roi », en parle élogieusement : « un de mes amis, homme de beaucoup d'esprit, qui a la bonté de partager souvent mes vues ».

En 1789, à la veille de la Révolution, M. d'Angiviller s'occupait encore de recherches sur l'utilisation du platine pour les instruments de physique.

(2) *Il devait cette nomination à ce qu'il avait été attaché à l'éducation de Louis XVI*, quand celui-ci était Duc de Berry (Lettre de Necker, alors Ministre de Genève à Paris, 27 août 1774).

Lorsqu'il était menin du Dauphin, M. d'Angiviller, surnommé « l'ange Gabriel », avait été l'un des familiers de la maison du célèbre Fermier général La Popelinière, qui avait loué, de 1745 à 1762, le château de Passy appartenant au Marquis de Boulainvilliers (fils du Président de Rieux [voir plus haut, p. 12]) et qui hébergea, pendant un certain temps, une jeune harpiste de treize ans, Félicité Ducrest, la future Mme de Genlis.

de la Billarderie, au lieu de s'installer dans le logement de l'intendance, conserva l'appartement où il
habitait par faveur aux Tuileries et qu'il occupa
jusqu'au bout de son séjour à Paris (1). Il démis-
sionna le 25 décembre 1791 et se réfugia au commencement de 1792 dans le Bourbonnais : accusé
d'émission de faux-assignats et incarcéré à Boulogne-
sur-Mer en février 1792, il monta sur l'échafaud
l'année suivante à Arras.

Son frère cadet, le Comte Charles-Claude d'Angiviller, inculpé de malversation en 1790 (1) et décrété
de saisie judiciaire le 15 juin 1791, fut forcé de s'ex-
patrier et mourut en 1810 à l'étranger (à Altona).

En 1790, le Jardin du Roi a trois Professeurs, Desfontaines, Portal, Fourcroy, qui sont payés chacun
1500 livres, et trois Démonstrateurs, Jussieu le neveu
(Antoine-Laurent), de Mertrud le neveu (Jean-Claude),
Brongniart (Antoine-Louis), qui touchent respective-
ment 1200, 1700 et 2000 livres.

Le public se presse à certaines heures dans les
salles du Cabinet, où Daubenton, très vert malgré ses
74 ans, explique les collections. Comme Garde et

(1) Il avait épousé, en 1779, Adélaïde-Marie-Emilie Filleul (1761-1836),
qui, à la Révolution, se réfugia à l'étranger, d'abord en Angleterre,
puis en Suisse, revint en France sous le Consulat et y épousa en
secondes noces, en 1802, le Marquis don José-Maria de Souza Bothello
(1758-1825), diplomate portugais. Sous le nom de Madame de Souza, elle
a publié quelques romans pleins de charme, et c'est elle qui, à Napoléon
lui demandant quelle était sur la France l'opinion des Allemands, fit
cette réponse : « Sire, on nous aime à Berlin comme les vieilles femmes
aiment les jeunes. » De son premier mariage avec le Marquis de la
Billarderie, elle avait eu un fils, Auguste-Charles Comte de Flahaut de
la Billarderie (1785-1870), qui devint Général aide-de-camp de Napoléon
et qui est surtout connu par ses amours avec la Reine Hortense, dont
il eut un fils, le Duc de Morny, par suite frère utérin de Napoléon III.

(2) Dès 1787, parmi les imputations reprochées à M. de Calonne, on
lui avait fait un crime d'avoir consenti à des dépenses énormes en
achats de terres et de bâtiments, où M. d'Angiviller, un de ses intimes,
surintendant général de cette partie, trouvait son profit (Lettre du
Comte de Salmour, Ministre de Saxe en France, 18 avril 1787).

Démonstrateur d'histoire naturelle, il a 400 livres l'appointement et 3800 livres pour supplément, au total 4200 l.

Lacépède est Garde en second et Sous-Démonstrateur, aux émoluments annuels de 2000 livres : il se tient tous les jours publics dans le Cabinet, prêt à répondre aux questions des curieux. Pour divers motifs et sous la menace d'être arrêté comme suspect, il démissionnera le 9 mars 1793 et sera remplacé dans les mêmes fonctions par Etienne Geoffroy Saint-Hilaire.

Faujas de Saint-Fond est Adjoint à la garde du Cabinet et préposé aux correspondances, au traitement de 2000 livres.

Lamarck, à qui Buffon, pour accompagner son fils, avait procuré en 1781 le brevet de Correspondant du Jardin et du Cabinet et qui avait été chargé de visiter (1781-82) les Jardins botaniques, ainsi que les Cabinets de Hollande, d'Allemagne et de Hongrie, occupe, depuis 1789, la place, créée pour lui, de Botaniste attaché au Cabinet d'histoire naturelle et de Garde des herbiers du Roi et il conservera ce titre pendant quatre années : il avait touché, en 1789, 1000 livres et son traitement fut élevé, en 1792, à 1800 l.

En 1790, Fattory, âgé de 78 ans, exécute les préparations pour les Cabinets : il est logé au Louvre, avec 500 livres d'appointements.

Il est secondé par Valenciennes [père du collaborateur de Cuvier, Achille Valenciennes (1794-1865)], qui le remplacera en 1792 et touchera alors 1000 livres de traitement : c'est un simple garçon du Cabinet, qui est chargé spécialement des distillations, de remplir les bocaux où sont renfermées les pièces conser-

vées dans l'esprit de vin, de préparer et d'empailler
les animaux, de faire les étiquettes et enfin d'aider
Lucas dans tout son service.

Jean-François Lucas est huissier et touche
1800 livres : il a pour fonctions le nettoyage des
armoires, le soufrage des empaillés, la direction des
frotteurs, la bonne tenue du matériel du Cabinet et
la surveillance du public pendant les démonstrations.
Il devint Garde des Galeries lors de la réorganisation
du Muséum. Il eut pour adjoint, en 1799, son fils
Jean-André-Henri, né au Jardin en 1780 (1), qui fut
le père de l'entomologiste Hippolyte Lucas (1814-
1899).

Guillotte, ancien Capitaine de cavalerie, âgé de
62 ans, est, en 1790, commandant de la police du
Jardin, des Cabinets et des Ecoles : il touche
3600 livres et pour services extraordinaires 400, au
total 4000 l. ; il a sous ses ordres sept gardes-bos-
quets, dont chacun reçoit 600 livres, et trois gen-
darmes, qui gardent le Cabinet aux jours d'ouverture, font la police des cours et démonstrations dans
les bâtiments et les jardins, exercent la surveillance
du service de nuit.

Le Marquis d'Angiviller ayant démissionné en
1791 (2), Jacques-Henri Bernardin de Saint-Pierre
(1737-1814) fut nommé Intendant le 1er juillet 1792.

En 1791, L.-C.-M. Richard avait rapporté, de sa
mission dans l'Amérique du Nord, une collection d'oi-

(1) En 1814, à l'entrée des Alliés dans Paris, le 31 mars, les vétérans
qui gardaient le Jardin des Plantes, sous le commandement du Capitaine
Chenevier, ayant dû suivre, au moment de la capitulation, le corps du
Duc de Raguse et ayant été dirigés sur Versailles, il ne resta au
Muséum qu'un peloton de la garde nationale, composé d'une centaine
d'hommes, dont l'officier était J.-A.-H. Lucas, Capitaine dans ce corps.
(2) En 1790, il s'était entremis pour faire accorder à Condorcet la
survivance de la place d'Intendant.

seaux dont l'Assemblée Constituante avait ordonné le dépôt au Cabinet National.

En 1793, par décret du 26 mai, la Convention autorise le Ministre de l'Intérieur, à faire transporter du château de Chantilly au Cabinet National tous les objets d'histoire naturelle et les armoires dans lesquelles ces objets sont conservés, après estimation contradictoire avec les créanciers du ci-devant Prince de Condé (Louis-Joseph), dont les biens avaient été confisqués (1).

Le Cabinet National se trouvant trop petit pour contenir ces richesses, un autre décret charge le Ministre de mettre le second étage du bâtiment situé au Jardin des Plantes en état de recevoir cette collection de Chantilly, ainsi que les divers productions de la nature accumulées sans ordre audit Cabinet (2).

B. de Saint-Pierre resta en fonctions jusqu'au 9 juillet 1793 et quitta le Jardin le 7 août suivant, après avoir obtenu une indemnité de 3000 livres.

Un décret de la Convention du 10 juin avait créé l'organisation du « Muséum National d'Histoire Naturelle ».

(1) Cette collection de Chantilly renfermait notamment les coquilles qui avaient formé le Cabinet de Tournefort [Voir plus haut, p. 7].

(2) Au Muséum fut également remise, comme ayant été saisie à titre de bien d'émigré, la collection d'Oiseaux appartenant au ci-devant Duc de Montmorency.

Imp. de L'Ouest-Éclair, Rennes.